政党外交论丛 申险峰·主　编　徐　亮/邢新宇·副主编

融合·创新·探索
国际关系学科建设研究

Integration, Innovation & Exploration
Research on the Discipline Construction of International Relations

邢新宇　宋文龙◎主编

时事出版社
北京

目　录

政党外交学院优质本科人才培养机制的探索 …………（1）
试论北京国际交往中心建设背景下本科生科研活动的建设
　　——以国际事务与国际关系专业为例 …………（18）
SPOC 教学模式在中东课程中的综合应用 ……………（33）
国际关系史课程思政建设的思考与探索 ………………（53）
"三全育人"视域下外交外事礼仪课程教学
　　实践中的阶段性设计理念 ……………………………（67）
国际关系专业线上考试问题与对策 ……………………（84）
大学生在深度数字化教学中的学业倦怠研究 …………（93）
当代中国政府与政治课程中慕课教学模式初探 ………（127）
国际关系专业课程中的中国古代经典讲授 ……………（137）
教育数字化与高校互动课堂建设微探 …………………（152）
案例教学法的运用研究
　　——以对外政策分析课程为例 …………………（166）
国际关系课程教学方法有效性评估机制的探索 ………（182）
国际关系课程设计中的科学技术与教学资源 …………（196）

政党外交学院优质本科人才培养机制的探索[*]

北京第二外国语学院（简称二外）政党外交学院（简称学院）于2015年12月成立，前身是1964年成立的国际关系教研室，学院是全国高校中唯一以"政党外交"命名的二级学院，并与中共中央对外联络部（简称中联部）以及北京市人民政府外事办公室（简称北京市外办）、北京市人民对外友好协会建立广泛联系与合作。学院在人才培养方面突出"专业+语言""专业+区域国别""专业+跨文化交流"等培养特色，大力培养外交外事人才以及国际组织人才。

学院拥有国际政治、国际事务与国际关系及外交学三个专业，其中国际政治专业是北京市"双培项目"第一批试点专业。学院与外交学院外交学与外事管理系合作，进行了国际政治专业联合人才培养；与北京外国语大学相关

---

[*] 本文作者：邢新宇，北京第二外国语学院政党外交学院副院长，副教授，硕士生导师；宋文龙，北京第二外国语学院政党外交学院副教授，国际政治系主任。本文是北京高等教育本科教学改革创新项目"北京国际交往中心建设背景下国际事务与国际关系专业核心课程教学改革研究"阶段性成果。

院系合作，开展"小语种＋中华传统文化"特色国际政治人才培养。其于2011年获批的国际事务与国际关系专业是全国公立院校中较早开设的新专业，明确将国际组织人才培养作为特色方向，以专业性、应用性、国际性作为主要培养方向，致力于培养具有全球视野和人类命运共同体情怀的国际组织人才。2020年，国际事务与国际关系专业获批北京市一流专业建设点。该专业传承二外"红色基因"，坚持立德树人与思政育人，借力学校优势学科，强化外交外事人才培养特色。外交学专业是2019年申报获批的新专业，以政党外交作为人才培养的特色。

二外是由敬爱的周恩来总理在1964年亲手缔造的，在人才培养方面一开始就打上了红色的烙印，学院虽然建院时间不长，但是秉持二外人才培养的原则，进行了一些探索，尤其是围绕习近平总书记强调的"培养什么人、怎样培养人、为谁培养人"这一根本问题进行了思考和谋划。

一、优质本科人才培养的举措

第一，构建特色人才培养模式，完善人才培养体系。对标国家"一流专业"建设目标和新时代教育评价体系改革要求，推动北京市一流专业建设。以培养外交外事人才为特色，先后完成培养方案的五次修订，不断优化课程设置，细化指标体系。

第二，强化人才培养的交叉融合。为体现学校"多语种复语、跨专业复合"的培养理念，利用二外跨专业辅修双学位制度，全面打通专业壁垒，在本科人才培养方面实现交叉融合。学院鼓励学生选修相关专业课程，加强培养复合型人才。国际事务与国际关系专业也接收了大量外院辅双选学生，为二外的复合型人才培养做出贡献。

第三，为配合增强学院专业的教学特色，学院着力打造一些品牌化的学生竞赛项目，以提升学生对联合国、外交外事等的学习热情和深入认知。如学院与中国联合国协会合作，自2017年5月开始，在二外连续举办三届全国高校联合国知识竞赛，全国几十家高校学子参加。此外，学院承办了北方地区模拟联合国大会竞赛，还主办了外交外事礼仪大赛，进一步提升学生对外事知识的了解和兴趣。

第四，努力将学院的研究特色融入到人才培养过程之中，促进学生在认识世界、认识人生中，形成正确的人生观、世界观、价值观。如从2019年9月起，学院开设"政党与外交大课堂"以及"国际组织大讲堂"两个品牌性教学实践项目，先后举办线上线下活动共30多场。"政党与外交大课堂"项目通过邀请非现职外交人员进课堂，传授外交外事知识，提升学生学习兴趣，增进学生对专业的深入认知。"国际组织大讲堂"通过邀请在国际组织任职的非现职专家、国际组织研究领域的学者进课堂，增加学生对国际组织的认识，提升学生学习国际组织的兴趣和参与国际组织实践的能力。在上述两个教学项目中，专家以自然的方式传递了爱国主义和社会主义价值观以及为国奉献的精神。此外，学院还设立中国特色政党外交创新研究论坛、政党与外交学术沙龙、博士沙龙等研讨平台，鼓励学生参会并参与互动，了解有关国际问题的最新前沿，从而提升学习的兴趣和动力，加深对所学专业的深层次了解和认知。

第五，通过联通各种渠道，不断提升学生的国际化水平。学院积极利用学校及学院自身的对外交流平台，鼓励学生短期出国留学，同时利用班级学生中的留学生资源，鼓励中外学生相互交流、研讨、相互促进、相互提升。根据本科班学生构成的特点，学院教师在知识传授等方面，兼顾中国特色和国际常识，提高了教学的针对性和多样化，进一步提升学生学习兴趣。

第六，建立"学生服务指导工作室"，对本科生进行全面指导。"学生服务指导工作室"具体的职能和作用体现在：一是全面加强就业工作的指导。对学生的考研、就业、出国深造进行全方位的指导，制定了学生从大一到大四的学涯规划表，及时向学生传达新的就业政策和信息。二是加强对学生的社会实践指导。在每年的暑期社会实践活动中，教师积极参与、悉心指导，带领学生取得了一系列实践成果。三是构建班主任、深度辅导教师以及辅导员相互配合的学生工作体系。学院为每一位本科生都配备了一位深度辅导教师，深度辅导教师由专任教师担任，主要对学生的专业学习进行一对一指导，同时其也是学生本科毕业论文的指导教师。

二、加强一流本科育人团队建设

学院育人团队（简称团队）由 15 位专任教师组成。团队注重高素质教师队伍建设，采取多种有效措施，加强高学历、高层次人才的引进和中青年骨干教师的培养，现已形成了一支素质较高，年龄、职称和学历结构较合理，发展态势优良的师资队伍。全院有专任教师15人，其中拥有博士学位的12人，拥有硕士学位的3人。教师年龄结构较为合理，精力饱满，满足人才培养的需要；职称结构较为合理，教授3人，副教授6人，讲师6人；教师来源于国内外不同的知名高校，具有丰富的国际化背景，70%以上的教师具有海外留学或工作的经历。

团队在人才培养中传承二外"红色基因"，推进"三全育人"格局，坚持立德树人与思政育人，借力学校优势学科，体现"专业+语言""专业+区域国别""专业+跨文化交流"等人才培养特色，大力培养外交外事人才以及国际组织人才。

（一）教学团队特色和育人成果

团队全体成员爱岗敬业、关爱学生，整体育人效果突出。团队具有明确的发展目标、良好的合作精神和梯队结构，年龄、职称和学历结构合理，在教育教学方面有显著成效和特色。

第一，创新思政育人模式。推进"三全育人"新格局，树立立德树人和思政育人，深化专业课与思政课的融合，实现专业课课程思政内容全覆盖，全力打造思政教学名师和思政教学团队，团队包含2名校级课程思政名师，1名北京市课程思政名师；建成7门校级课程思政示范课，

1门北京市课程思政示范课。促进培养政治觉悟高，专业知识扎实，外语水平较高，综合素质过硬的复合型、应用型国际化外交外事人才。深入推进班主任、深度辅导教师、辅导员等全员育人模式。教师全员担任班主任，在思想引领、专业辅导、赛事指导、心理疏导、职业规划等方面对学生进行指导与帮助。开展"心之约"主题班会、班级学风讨论、"新生书单"等特色班级活动，对学生进行全方位的思政教育工作。

第二，强化实践育人模式。举办"政党与外交大课堂"与"国际组织大讲堂"，鼓励学生参加相关的国际实务交流调研，完善实习实践基地建设，拓展实习实践合作单位。积极承接高端国际化会议和学术交流互动，安排学生参与现场交流、接待。加强与中联部、外交部、北京市外办等部门联系，推动更多学生参与多边活动志愿服务。学院参与承办全国高校联合国知识竞赛及北方地区模拟联合国大会等竞赛活动。

（二）强化专业人才培养的特色和红色底蕴

学院传承二外"红色基因"，推进全员、全过程、全方位"三全育人"体系，坚持立德树人与思政育人，强化外交外事人才和国际组织人才的红色底蕴和培养特色。

专业建设方面，学院牢牢把握课程思政主线，推动全方位育人体系，加强专业人才培养中的思政教育。注重对接国家需要，坚持为党育人和为国育才的理念，从人才培养和社会服务层面得到中联部业务指导和支持。

课堂教学方面，学院举办"政党与外交大课堂""国际组织大讲堂"，组织高级外交官机制化进课堂，将思政元素融入到教学实践过程之中，传递了爱国主义和社会主义价值观以及为国奉献的精神，引导学生正确看待当前国际形势，更好理解党和国家的大政方针；打造专业课全课程思政化，大力建设思政示范课程。实习实践方面：学院与中国联合国协会、《当代世界》杂志社等单位建立实习合作，侧重高端化、国际化的实习实践安排，从承办学生竞赛、高端会议服务、外交外事接待等多方面为学生提供实践渠道；主办全国高校联合国知识竞赛等品牌活动。学生指导方面，学院注重学生思政教育，贯彻"三全育人"理念，建立本科生深度辅导机制，团队教师一对一为本科生提供从学业、生活等全方位的指导，团队全体教师参与学涯规划、学业发展、就业指导，形成四年全方位深度辅导。

（三）重视师资队伍建设和青年教师成长

第一，重视师资队伍建设。学院在师资队伍建设上努力创造条件，支持现有教师加强能力建设。针对教师个体不同特点，因人施策。支持中老年教师发挥能力强、经验丰富等优势，起到示范和引领作用；支持青年教师创新和发展。在人才使用上，重点培养和选用想干、能干、敢干、善干的青年骨干，开展教师教学能力提升专项活动。

强化师德师风，实行师德和意识形态"一票否决"。

坚持引育并举，重点加强高层次人才建设以及科研和教学团队建设，实行正向激励，完善教师经常性考核制度，鼓励和支持年轻骨干教师成长。学院现有15名专业教师，近5年先后派遣骨干教师5人出国访学、1名教师国内访学，大部分教师具有出国访学或国境外工作经历。扩大聘请退休的国际组织的中国籍官员及外事部门资深外交官担任兼职教授，以提升课堂教学的鲜活性和效果，增强师资队伍的专业性。

第二，加强基层教学组织建设。教研室积极承担培养方案修订、课程团队建设、月度集体备课和研讨、教学质量评估等方面工作，推动教师切实执行各项规章制度，有效完成教学任务。学院以青年导师制为新入职年轻教师提供深度指导，组织教师申报和完成各项教学改革项目，督促教师开展专业、课程、教材、实践教学等方面的内涵建设。学院建立兼顾过程性考核与结果性考核的学业评价制度，鼓励学生学思并举。坚持本科生深度辅导教师制，加大对学生实习实践、创新项目、专业竞赛、考研留学等方面的支持。坚持通过校内外督导反馈以及与学生交流等途径，总结教学经验，提升教学质量。

第三，加强软硬件保障建设。学院通过青年教师教学指导工作坊、青年教师教学基本功比赛等活动，提升教师授课水平和质量。建立优质课程资源，打造学院特色"金课"。构建班主任、深度辅导教师及辅导员相支持的学生工作体系，提高师生互动质量，加强就业工作指导。积极争取学校更多经费支撑，强化教学改革力度。加强教研室研讨，扩大与校外的教学研讨，营造良好内部生态，为教师教学、科研创造宽松环境。

第四，团队的科研成果和教学改革成果用以反哺教学，做到"以研促教"，学院以培养学生全面发展，提高整体素质为宗旨，以满足适应北京市都市文化建设对人才知识结构和能力的需要为终极目标。根据中国特色大国外交、全球治理现状，鼓励教师强化相关专业研究，同时努力加大科研成果向教育教学的转化，助力人才培养。

三、以课程思政作为人才培养的中心工作和特色方向

为深入贯彻落实习近平总书记关于教育的重要论述和全国高校思想政治工作会议、全国教育大会等会议精神，在学校的部署和指导下，学院将课程思政作为党建融合人才培养的中心工作和特色，按照《高等学校课程思政建设指导纲要》的要求，全力推进学院课程思政建设。在课程教学中重点打造课程思政示范课，在教学实践中开创并实践"政党与外交大课堂"与"国际组织大讲堂"系列活动。

（一）推进课程思政建设的举措

第一，提升学院教师开展课程思政建设的意识。强调全面推进课程思政建设是落实立德树人根本任务的战略举措和全面提高人才培养质量的重要任务，促进教师对课程

思政理念形成广泛共识，明确课程思政建设是学院人才培养的中心任务。

第二，明确课程思政建设的目标和重点内容。坚持用习近平新时代中国特色社会主义思想铸魂育人，实现习近平新时代中国特色社会主义思想进教材、进课堂、进头脑，培育和践行社会主义核心价值观，加强中华优秀传统文化教育，深入开展宪法法治教育。

第三，优化课程思政教学体系设计，结合学院专业特点推进课程思政建设。结合学院国际事务与国际关系、外交学等专业特色和优势，深入研究专业的育人目标，深度挖掘提炼专业知识体系中所蕴含的思想价值和精神内涵，拓展专业课程的广度、深度和温度。致力于帮助学生熟悉国家的外交战略和政策，以习近平外交思想为指导，引导学生站稳中国立场，捍卫中国国家利益。

第四，加强对课堂教学的要求。学院领导班子和院聘教学督导深入课堂教学一线，督促引导教师严格按照学校课堂教学纪律和相关规定开展课堂教学活动，坚持正确的价值引领，坚守职业道德规范，站好课堂教学岗，使课堂成为正能量的源泉。

第五，加强课程教材和教案大纲的规范使用。学院成立教材工作领导小组，加强对课程教材和教案大纲的审核把关。坚持将正确的育人导向作为教材和教案选用的首要标准，要求教师首选"马克思主义理论研究和建设工程"重点教材，严格审核国外引进教材，积极鼓励教师编写高质量有特色的教材和教案。

第六，提升教师课程思政建设能力。加强教师课程思政能力建设，建立健全优质资源共享机制。充分发挥教研室作用，在学院层面推动教师课程思政经验交流。推荐教师参加"'马克思主义理论研究和建设工程'示范教材培训班"等项目；借助二外教师发展中心平台，鼓励教师参与课程思政培训项目；学院还积极与校外教学平台联络合作，为教师量身打造课程思政提升培训活动。

在课程思政建设实践中，学院形成课程思政示范课建设和品牌性教学实践项目两大特色。

（二）课程思政示范课建设

学院在人才培养中以"课程思政内容全覆盖、融入教学建设全过程"为标准，以全部课程打造课程思政示范课为目标，着力推进课程思政示范课建设，培育课程思政教学名师。

学院在教学管理中，要求所有课程引导学生在坚定理想信念、厚植爱国主义情怀、加强品德修养、增长知识见识、培养奋斗精神、增强综合素质等方面下功夫，加强对任课教师的引导和培育，鼓励教师积极申报校级和北京市课程思政示范课项目，有计划、有步骤地推出了一批课程思政示范课，培育了一批教学名师，取得了重要成果。

截至目前，学院教师获批立项校级课程思政建设项目7项，建成校级课程思政示范课7门，1门课程获批北京市课程思政示范课，1位教师获评北京市课程思政教学名师。

（三）大课堂系列活动

自 2019 年 9 月开始，学院创办"政党与外交大课堂"与"国际组织大讲堂"系列活动，大课堂活动作为学院教学实践创新的重要举措，在实践中推进课程思政建设，得到了师生的一致认可和好评。

"政党与外交大课堂"通过邀请非现职外交人员进课堂，传授外交外事知识，增进学生对专业的深入认知，提升学生学习兴趣。截至目前，"政党与外交大课堂"活动已经成功举办 25 期，给同学们带来了一场场丰富的外交知识盛宴。"政党与外交大课堂"活动，让更多曾经的一线外交官和政党外交领域专家走进课堂与学生零距离交流，提升学生对外交实践的认知和对外交事务的兴趣。

"国际组织大讲堂"是学院为突出国际事务与国际关系专业的国际组织人才培养特色方向而举办的课堂教学活动。通过邀请在国际组织任职的专家、国际组织研究领域的学者进课堂，传授有关国际组织知识，增加学生对国际组织的认识，提升学生学习兴趣和参与国际组织实践的能力。自 2019 年 9 月开始，"国际组织大讲堂"已成功举办 9 期。

两大活动将思政元素融入到教学实践过程之中，促进学生在认识世界、认识人生中，形成正确的人生观、世界观、价值观。活动中，专家传递了爱国主义和社会主义价值观以及为国奉献的精神，鼓舞学生更好地为国学习、未来投身到社会主义建设之中。学生的认真听讲和积极活动,不仅帮助他们了解有关国际问题研究的最新前沿动态,也引导他们正确看待当前国际形势,更好理解党和国家的大政方针。邀请非现职外交人员、资深专家进课堂,讲我党百年奋斗史、中华人民共和国外交等,为加强学生对习近平新时代外交思想的学习,强化学生对"中国之治"的深刻感悟,起到了很好的效果。这些活动教育引导学生大力发扬红色传统、传承"红色基因",鼓舞昂扬的精神和斗志。同学们更深刻理解了党的百年奋斗史和中华人民共和国外交史,激发了他们为党和国家的对外事业奋斗的决心。

四、未来推动优质本科人才培养的思路

(一) 构建特色人才培养模式,完善人才培养体系

对标国家一流专业建设目标和新时代教育评价体系改革要求,推动北京市一流专业建设。以培养外交外事人才为特色,体现"三全育人"理念,坚持立德树人,把社会主义核心价值观融入教育全过程。强化国际事务与国际关系市级"双一流"专业内涵式建设,以学科建设为龙头,根据教学、科研工作需要,有重点、分层次地引进和培育人才。主动与外国语言文学、新闻传播学、马克思主义理论等学科交叉融合,以中外人文交流、对外讲好中国故事为重点,依托智库研究特色和高层次交叉人才培养的创新

优势，完善人才培养体系。

（二）坚持思政育人，落实"思政进课堂"理念

继续充分发挥课堂育人主渠道作用，全面推进课程思政建设，将立德树人融入教育各环节。继续建设课程思政示范课程，推动全课程思政化；连续举办"政党与外交大课堂"，强化学生政治认同感。落实立德树人的根本任务，构建"三全育人"工作体系。加强教师思政工作引领，不断提升教师思政素质和师德素养，使教师成为先进思想文化的传播者、我党执政的坚定支持者，更好担起学生健康成长引导者和引路人的责任。将师德作为教师年度考核、岗位聘用、职称评审、评优奖励的重要标准，实施"一票否决"制。加强课程思政建设，提高习近平新时代中国特色社会主义思想"进教材、进课堂、进学生头脑"的实效。以学习习近平外交思想为切入点，引导师生深入学习贯彻习近平新时代中国特色社会主义思想，打造思政教育品牌项目，建设学生党支部"中国之治"宣讲团，发挥学生党员先锋模范作用。发挥班主任、深度辅导教师等全员育人力量。以专业社团为抓手，培育学生家国情怀。加强中外学生融合教育，创新网络思政教育的活动形式。

（三）不断完善核心课程群和强化教学资源建设

瞄准专业前沿，优化核心课程，努力构建核心课程群

的理论板块、区域国别板块、特色板块和实践板块。开设国际组织与全球治理前沿、联合国机制与实践、国际组织与跨文化交流、世界政党与政党政治、政党外交概论等特色课程。深化"专业+外语""专业+区域国别""专业+跨文化交流"的人才培养改革，着力体现学院人才培养特色。继续修订完善本科人才培养方案，深化优质教学资源建设和教学改革，加强专业课程建设，实现新开设课程15门；专业核心课全部达到"一流课程"标准，努力打造专业特色"金课"；着力加强双语课程、全英文课程建设。深入推进课程思政建设，实现所有专业课课程思政内容全覆盖，继续打造3门到4门课程思政示范课程，至少建成1门具有二外元素的特色课程，努力培养1名具有影响力的课程思政教学名师，努力培育课程思政教学团队1个，建成2个课程思政示范基地。以"新文科"理念推进专业学科交叉融合，努力推出国际事务与国际关系类公共课5门并视情况引进在线精品专业公共课程。提升在线课程质量，努力建设5门本科标准慕课（在线课程），力争实现1门特色慕课上线国家级平台。

（四）打造优质本科教学团队

加强对青年教师的教学指导，推出学院教学名师，以经验丰富的教授为带头人，打造一支勇于改革创新、教学质量高的本科教学团队。机制化进行教学基本功竞赛，开展教学能力提升活动。定期完善教学方案，加强在线教学和混合式教学。强化对中青年教师的培训，着力培养教学名师。不断扩大教师队伍，优化教师梯队建设，促进老中青队伍协同发展。加强对现有教师的培养，支持其发展和成长。教师学缘结构、年龄结构、职称结构进一步优化。培育优良教风，健全教学管理制度，严肃教学纪律，规范教学活动，引导教师注重修品练功，促进教学与科研互动，提高教育教学质量。

（五）不断创新教学方式方法改革

把握教改前沿，积极探索启发式、探索式、嵌入式教学，提高课堂教学效果。全面推动线上线下混合式教学，开办暑期"小学期"制教学，鼓励学生申报大学生创新创业项目和北京市教委大学生实践创新能力提升计划。创新课程思政的教学模式。利用长江雨课堂的随堂弹幕、课堂公告、数据统计等功能，推动信息技术与教学实践的深度融合，实现"课前预习—课中研讨—课后答疑"的育人成效全程管理。教师将马克思主义国际关系理论和方法论融入到课堂互动环节中，以点评和讨论的方式培养学生的问题意识和思辨能力，创新课程思政的师生共建模式。选取政治立场过硬、专业基础扎实的学生，组建由教工党支部书记主管的"知行求实小组"，围绕反映当代中国外交伟大成就的红色影视作品、红色文艺作品、红色美术作品等开展案例教学和专题研讨会。教师每周组织专题研讨，并提供多样化的学习材料。

（六）不断完善实践教学体系

学院与中国联合国协会、《当代世界》杂志社等单位形成稳定实习合作机制。通过年度中国特色政党外交创新研究论坛与全国金砖国家政党、外交与合作研究论坛，促进学生了解前沿话题。重视品牌建设，主办全国高校联合国知识竞赛，承办北方地区模拟联合国大会竞赛、外交外事礼仪大赛。培养学生家国情怀和国际视野，在社会实践、创新创业、人文素养、美育教育、劳动拓展、中外学生交流、学生服务方面开展全过程育人，做好"第二课堂"成绩单管理。开展学生学术能力提升、升学能力提升、就业与实践能力提升、人文素养提升计划以及中外学生融合特色活动等建设项目。开展"四史＋专业"的系列教研创新活动。将中国共产党党史、中华人民共和国国史、改革开放史和社会主义发展史融入课程教学，选取毛泽东诞辰日、周恩来诞辰日、建党日、建军节、国庆节等重要纪念日，赴天安门广场、毛主席纪念堂、国家博物馆、中国人民革命军事博物馆等开展沉浸式党史国史教育，实现思政教育与专业教育的深度融合。

试论北京国际交往中心建设背景下本科生科研活动的建设

——以国际事务与国际关系专业为例[*]

"建设具有世界影响力的中国特色国际交往中心"是习近平总书记视察北京工作时对北京城市发展所提出的殷切希望,是北京对外开放工作的组成部分和关键环节,是充分发挥首都优势、提升对外开放层次的现实选择。因此,为建设具有世界影响力的中国特色国际交往中心服务是北京市属高校的责任和义务。为此,二外国际事务与国际关系专业在如何培养符合北京国际交往中心建设需要(简称建设需要)的人才方面进行了诸多有意义的思考与探索。其中一个重要举措就是引导学生积极开展符合建设需要的科研活动。

笔者应国际事务与国际关系专业一些学生科研课题组的邀请,曾担任过他们的科研活动指导教师。国际事务与

---

[*] 本文作者:张爽,北京第二外国语学院政党外交学院教授。本文是北京高等教育本科教学改革创新项目"北京国际交往中心建设背景下国际事务与国际关系专业核心课程教学改革研究"阶段性成果。

国际关系专业学生进行科研活动的热情是很高的，他们期望能获得有价值的科研成果，这应该给予高度肯定。但是，笔者在指导学生过程中，发现学生进行科研活动时普遍存在一些问题，这些问题不利于学生科研水平的提高。在这里，笔者就普遍存在的问题以及可行的改进措施，谈一谈自己的建议与想法。

一、学生进行科研活动时存在的问题

（一）希望开展的科研课题不符合建设需要

作为北京市属高校，无论是教师还是学生在进行科研活动时，应该有意识的围绕建设需要展开研究。但是学生通常在这个方面考虑不周，他们仅凭对某一研究领域或者某一研究方向产生了学术兴趣就匆匆确定了研究题目，这显然是不合适的。因为只有选择好某一个具体的没有答案或者答案不完美的问题时，才有进行科学研究的必要。更主要的是学生选定的科研课题经常没有围绕建设需要来开展，而建设需要正是二外开展学生科研活动主要目的之所在。一方面，二外作为市属高校，其主要生源地和就业目的地都在北京，因而学生科研活动围绕北京展开是应有之义。另一方面，北京国际交往中心建设过程中所产生的各种问题，也为学生有针对性地开展科研活动提供了便利的条件。但是学生在进行科研活动时通常容易忽视这一点。对此，指导教师需要对学生加以耐心引导，让学生充分意识到进行科研活动要选择一个恰当的研究题目，而这个研究题目，要紧紧围绕建设需要展开。笔者曾经遇到过一个令人印象深刻的学生科研活动案例。这个课题组因为小组成员多数精通日语，所以希望选择中日民间外交作为研究课题。笔者向他们指出，这确实具有一定的研究价值和意义。国之交在于民相亲，民相亲在于心相通，在当前中日关系发展受到诸多阻碍之时，探讨如何拓展中日民间交往对于推动中日关系向前发展是大有裨益的。问题在于，这一研究选题存在着明显的不足。首先，中日民间外交是研究主题，而不是研究课题。"研究主题是相关问题的集合，包含着大量的问题。这两者之间的关系是拼图和拼图碎片的关系，不可同日而语。"① 中日民间外交这个研究主题就包含许多方面内容，涉及经济、科学技术、文化、体育等各个领域；活动方式有个别接触、双边往来、多边交往等等。而学生显然将研究问题与研究主题混淆起来，导致此选题没有一个明确的研究范围，更没有明确的问题意识。其次，此选题没有很好地围绕北京国际交往中心建设展开研究。从此选题中看不出对于北京国际交往中心建设会起什么作用，因而现实意义和作用不大。对此，笔者启发学生可以在建设需要背景下探讨中日民间交往。也就是把建设需要作为因变量。目前建设需要主要体现在国家总体外交的服务能力、国际交往活跃度、国际要素集聚度、国际化服务水平、城市国际美誉度五个方面。笔者和学生讨论

---

① ［美］唐·埃思里奇著，朱钢译：《应用经济学研究方法论》，经济科学出版社1998年版，第117页。

之后认为将城市美誉度作为因变量进行研究较为合适，但是北京城市美誉度是一个非常笼统的概念，需要将其细化成一个更明确的概念，在笔者的启发下，学生认为可以用北京国际形象来代表北京城市美誉度。因为北京国际形象是他国民众对北京城市形象的认知，为此需要寻找一个具体的群体作为自变量，去探究和观察该群体如何认知北京国际形象这个因变量。由于学生最初的选题是探讨中日民间交往，因而将日本来京人士作为自变量是可以接受的。这样课题组就初步形成了共识，课题是讨论日本来京人士如何认知北京国际形象。但是问题依旧存在，由于同学专业基础、学术经验、研究时间和经费都极其有限，因此论文所选择的自变量和因变量都相对而言偏大，应该尽可能地缩小。从自变量角度看日本来京群体种类很多，有政府官员、运动员、商人、学者、游客等多个群体，显然将日本来京游客群体作为自变量是最合适的。因为这个群体成分多样，对北京国际形象的认知最具实际意义。从因变量的角度看，北京国际形象概念包含人文国际形象、科技国际形象和绿色国际形象三个方面。相比较而言，选择人文国际形象作为因变量更为恰当。因为"文化是北京的精气神儿，是北京的灵魂和魅力所在"[①]。人文形象是凸显北京城市文化的载体，是北京国际形象的灵魂，是北京城市生命力与活力的体现。文化底蕴深厚是北京吸引包括日本游客在内的世界各国游客的宝贵而独特的资源。最后学生拟

---

① 张朝意、李真编：《我们在这里，这里是北京：外国学者视阈中的北京文化形象访谈文集》，学苑出版社2018年版，第78页。

定的研究课题题目是《日本游客对北京人文国际形象的情感认知》，一个符合建设需要的学生研究课题就这样产生了。

（二）进行科研活动时缺乏有效的研究方法

近年来，二外教师在课程环节和课外科研环节相结合上下了很多功夫。注重将科研与教学环节相结合，有意识地传授学生研究方法，并将方法论教学作为一门主要的基础课程开设，对于学生科研水平的提高发挥了积极作用。但是从实践来看，学生对于研究方法的有效运用还是存在着一些问题。这就导致有了一个好的研究课题并不一定能得出一个好的研究成果。由于没有找到有效的研究方法，造成研究成果通常不是一个可靠的、能站得住脚的科学结论，这就削弱了学生进行科研活动所产生的积极意义和重要作用。研究方法的重要性在于只有具合理性的研究方法才能让人对其研究成果的现实可能性有一个明确的判断。这同样需要指导教师对学生进行反复引导。一般而言，学生通常会出现的问题有两个。

第一，难以找到有效和具体的研究方法。例如在确定了《日本游客对北京人文国际形象的情感认知》这个课题之后，笔者和学生讨论选择哪种研究方法能够取得研究效果。最初学生们提出用调查分析法进行研究，准备分别至各大涉外旅行社联系走访来京日本游客，获取相应的信息。对此笔者给学生分析，调查分析法虽然有一定的可取之处，但是也存在着一些问题。首先，研究时间很难确定，因为在旅行开始时，游客们通常对这种调查问卷是持有反感心理的，只能在游客结束行程之后进行，但是由于时间不容易把握，学生前去进行调查访谈时，可能游客们已经前往他处旅行了。而且只能掌握当下日本游客的心理感受，不能了解往年日本游客的情感表述。其次，研究费用存在着问题。如果按照学生的想法进行，需要相当数量的数据采集（一般而言，对调查分析的样本采集数据不能少于1000份），研究经费难以承担。最后，样本采集效果也存在可靠性不足的问题。因为一般的日本游客，受其传统文化的影响，性格内敛含蓄，即使对某一个景观有着负面的观点和想法，也未必坦然告知，这样就不能起到调查问卷的效果。所以依靠人工访谈和问卷调查的方法，存在研究费用偏高、研究时间不确定、样本数量偏小和时效比较差等缺陷，这样研究结论的准确性和可靠性都存在明显不足。那么如何才能获取真实有效的信息呢？笔者启发学生可以通过采集社交媒体大数据的方式来获取相关信息。随着现代科学技术的发展，日本公众获取信息和反应个人观点和利益诉求的主要方式是通过互联网，日本公众对于专门的社交媒体网络和搜索引擎信任度已经超过传统媒体信息源。因此选择社交媒体的大数据采集能够很好地满足信息需求。由于这些数据是用户自发产生的，不太会受到外部干扰，因此数据的真实性、可靠性和实效性都很强，在相当程度上弥补了以往人工问卷、在线调查等难以避免的缺点，具有较强的解释力。最后学生接受了笔者的建议，选择猫途鹰社交媒体网站作为研究来京日本游客对北京人文国际形象的数据获取渠道。因为该网站是日本乃至全球最大、最受欢迎的旅游评论网站。旅行者的真实评论是猫途鹰最大的特点。猫途鹰在日本设有分站，大量日本游客在上面发表他们真实的旅游感受，不仅数据规模大，而且时间连续性长，因此通过对此网站上日本游客来北京旅游信息的数据进行收集和整理，能够有效地了解日本游客对北京城市形象的真实感受和看法。

第二，学生做研究时经常不能将概念操作化以进行测量。所谓概念操作化就是将抽象概念转化为具体可观察指标的过程。在《日本游客对北京人文国际形象的情感认知》案例里有两个十分抽象的概念：一个是情感认知，另一个是北京人文国际形象。一般而言，情感认知是旅游者对旅游目的地属性和环境在质量感觉上的评价。那么如何使这个抽象概念指标化呢？笔者和学生进行讨论分析后形成共同意见，即人们对情感分析的主要根据是情感词的词性以及出现次数。所以对游客游记的主客观性、情绪、观点进行挖掘分析，可以借助情感评价性词语来建构游客的情感认知。经过大家的讨论认为将日本游客的情感体验划分为愉快—沮丧、轻松—紧张、惊奇—平淡、包容—愤怒四类，以此来判断日本游客游记的情感倾向分类。为了便于研究，将所有与上述语义相近的词语均归于同类。诸如"令人困倦"与"沮丧"归为同一类，"令人兴奋"与"愉快"归为同一类，然后统计每类词出现的次数与频率。这样日本游客的情感表达就能够得到有效辨识。北京人文国际形象这个概念也需要将其指标化，方便观察和辨认。笔者和学生经过讨论之后认为北京的人文形象认知指标分为人文景观、历史景观、民俗风情、购物环境、美食小吃五个一级指标。这五个一级指标再分别细化成若干个二级指标。例如，可以将历史景观分解为故宫、长城、天坛、孔庙和国子监、明十三陵、恭王府、颐和园、圆明园这八个二级指标。这样通过和学生的反复讨论和分析，利用社交媒体的大数据确定日本游客对北京人文国际形象的情感认知的研究路径与方法，学生随后按照他们之前确定好的分工进行研究，经过一段时间的努力，学生取得了基本令人满意的研究结果。

（三）进行科研活动的学术积累和规范意识不足

进行科研活动必须具备一定的学术积累，应该说，这是学生进行科研活动一个不可忽视的困难。例如笔者发现上文所提到的课题组学生通常对日本游客文字表达背后的文化含义缺乏准确的理解和判断，对日本民族外热内冷的性格不是十分了解，因此，学生在进行文本分析时通常对日本游客在游记中所表达的情感难以理解到位，因此最后的解读结论和日本游客真实表达的含义并不一致。例如日本游客在文字中的委婉表达方式有时候是一种隐晦的不满表示，但有时候学生并没有对此准确解读。这种情形发生的原因，是学生在做该课题研究时，缺乏与该课题研究相应的知识储备。因而导致研究出现偏差。这就是为什么笔者说最后的研究成果是基本令人满意而不是十分令人满意的原因所在。这种情形在学生的科研活动中是普遍存在的，学生经常凭借热情与兴趣来开展科研活动，但是与课题相关的一些经典著作没读过，甚至没听说过。笔者曾经问过课题组学生是否阅读过反映日本文化的经典著作《菊与刀》和《武士道》，学生都摇头表示未读过，至于其他学科的经典著作更是没有阅读过，这显然对于科研活动是不利的。像学生正在进行的这项课题不仅涉及文化人类学方面的知识，同时还涉及传播学和心理学方面的知识，因此，在课题研究过程中，经常有学生就涉及文化人类学、传播学和心理学的一些问题向笔者和其他老师请教。可以说，如果没有相应的知识积累，学生在进行课题研究时，感觉无所适从的情况会经常发生。此外，由于知识结构不完整，学生也普遍缺乏学术想象力，像笔者所提到的这个研究案例中，很少有学生去探究日本游客的情感认知和其他国家游客的情感认知是否有差异、存在什么方面的差异；不同时间段来京和不同身份的日本游客对北京人文国际形象的情感认知有什么差别和变化，以及这种变化的原因在哪里。因而在做研究时，过于就事论事，只是从当下的角度去分析和判断问题的根源，这样就缺乏学术研究活动所应该产生的知识探究，让人在阅读完研究结果之后，仍然有不解之感。此外，学生对著作的阅读方法也存在一些问题，有的学生在进行阅读时，没有掌握必备的基础知识，只是阅读经典著作，因此在阅读过程中感到吃力，不太了解作者想表达的含义；也有的学生在阅读时缺乏自己的思考，对作者所说的话盲目信任，因此在研究时遇到实际情况和自己阅读过的著作情形不一致时，就出现了排斥现有事实的情况发生，导致研究成果失真。例如有的学生在阅读完笔者推荐的《菊与刀》之后，对本尼迪克特的这本书奉如圭臬。实际上本尼迪克特的著作虽然至今仍对日本文化与民族性有着很大的解释力，但毕竟是数十年前的旧作，随着时代的变迁，有一部分内容已经不符合当下的日本社会状况了。还有的学生在进行科研时，不知道如何有效查阅与研究课题相关的文献资料，也不知道怎样从文献资料中获得所需要的内容，其结果是大部分学生习惯于依靠互联网搜索得到资料，但互联网提供的资料大都是动态的，而且各种真假信息混杂，需要有效鉴别。由于所获得的信息的来源准确性和可靠性较低，因而最后产生的科研成果的可靠性也就打了折扣。此外，缺乏严格的学术著作阅读方法训练容易导致学术不端行为的发生。

二、加强学生进行科研活动能力的想法和建议

在指导国际事务与国际关系专业学生进行科研活动的过程中，笔者深深感到，学生科研活动中存在的问题其实反映了我们专业教师在教学过程中可能存在的一些疏忽和不足。对学生科研活动中存在的问题加以反思，不仅有利于提高学生的科研水平，也会对高校教师自身教学和科研水平的提高起到促进作用。在这里笔者对教师指导学生科研活动提出两点思考与建议。

（一）应围绕建设需要开展科研活动

作为市属高校的二外对于培养符合建设需要的人才工

作有着特殊的责任与义务。因此，指导我校学生紧紧围绕建设需要开展科研活动是教师义不容辞的教学和科研任务。为此，专业教师在教学过程中应有意识地对所需的知识对学生认真加以讲解。尤其是与北京国际交往中心建设关联度较高的教学内容应该成为教学重点。例如讲授外交学导论、中国外交、世界政党与政党政治等课程时，应重点探讨分析城市外交、民间外交、公共外交、政党外交的内涵、意义、功能对城市精神风貌、气质和国际形象的塑造及所产生的影响，并以北京作为典型个案加以分析。在讲授国际组织与国际制度的功能与作用相关内容时，应以在京政府间国际组织和非政府间国际组织的运作、在京每年重要国际会议日程与议题设置、国际舆论包括新媒体对北京国际形象塑造作为个案，分析国际组织和国际制度的作用和运作特点。积极使用与北京国际交往中心建设相关的大数据，并将这些数据运用到具体的教学之中，使教学内容更加形象化和具体化。突出案例教学，通过邀请中国非现职外交人员、国际组织和国际会议的主管和经办人来学校讲学，通过具体的案例教学来增强学生对具体的国际事务活动的感性认识。例如请专业人士讲授有关世界城市和地方政府联盟、城市气候领导联盟、世界旅游城市联合会的案例，通过这些案例让学生认识和理解国际组织的基本框架以及国际组织是如何运作的，国际会议的日程安排是如何形成的，具体议题是如何设置的，其背后的缘由是什么。这样一方面能够激发起学生对北京国际交往中心建设的浓厚兴趣，"兴趣能主动的吸引学生积极实现目的"[1]；另一方面北京国际交往中心的建设是时时刻刻在现实中进行着的，让学生参与到北京国际交往中心建设过程中，才能使他们认识到北京国际交往中心建设过程中具体存在着哪些不足，从而产生问题意识，引导学生主动对现象和问题进行对比分析，并转换为学生科研活动的研究课题。

（二）日常工作中有意识地加强对学生科研能力的培养

正如前文所述，从国际事务与国际关系专业学生的科研活动现状看，普遍存在着问题意识缺乏、不能够很好地理解和掌握经典著作的内在含义、缺乏学术想象力等多方面问题，因此，加强其科研活动能力，应该有意识地对其科研活动中所存在的各个薄弱环节进行针对性指导。

第一，要注重培养学生的问题意识。没有敏锐的问题意识，就不可能开展科研活动，学生应该围绕建设需要，加强校企合作，在实践中发现问题。然而找到问题只是最初的一步，找到存在的问题并不困难，困难在于找到问题但是没有能力解决问题。由于资料、时间、经费、能力等多重原因，北京国际交往中心建设过程中的大多数问题并不适合学生作为研究课题。因此，只有那些还没有找到答案或答案不够完美的问题才是值得研究的。最重要的一

---

[1] ［美］约翰·杜威著，王承绪译：《民主主义与教育》，人民教育出版社2001年版，第147页。

点，学生有能力发现和找出答案，否则，再有价值有研究问题对学生而言也是无意义的。

第二，通过切实有效的手段来提高学生阅读和掌握文献的能力。为学生开设必读书目当然是非常重要的工作，教师不仅需要提供本专业的经典书目，还应该为学生提供通识性的经典参考书目，更重要的是教给学生文献阅读的方法。可以通过定期举办读书会、深度辅导等方式对学生阅读经典文献进行认真指导，可以先读结论，再读绪论和中间章节，指导学生围绕文献的历史背景、语境来分析和阅读，通过对作者的意图做精细梳理，揭示和理解著作所希望表达的核心思想、内在情感、价值理念、研究方法以及对当下社会的启迪意义。这对拓展学生的学术视野、扩大科研思路、培养创新意识、促进创新精神和实践能力的提高大有裨益。

第三，有意识地培养学生的创新思维，使学生具有独立思考能力和判断能力。在教学过程中要明确告诉学生，教师不是传授"死"知识，告诉学生什么是对错，让学生接触各种不同甚至相互抵触的观点，让学生去思考和判断哪种观点更具有合理性，告诉学生在社会科学领域上没有绝对的真理。让学生知道"什么是科学的？这就是消除错误、消除错误、再消除错误。人们永远不能肯定已占有了真理，因为科学是……通过消除虚假的信念和错误而取得进展的"[①]。要鼓励和肯定学生对已知答案的质疑意识和怀

---

① 陈璋等：《西方经济理论与实证方法论》，北京大学出版社1993年版，第4页。

疑精神，当然这不是让学生去胡乱怀疑，而是要有理有据地在自己认真独立思考之后去怀疑，使他们能够多层面、多角度地思考问题。为此，可以考虑增加适合进行研究讨论的课时，学生在教师的指导下进行大量讨论，让他们逐步掌握科学的方法和论据的使用。总之，必须使学生知道如何进行文献检索、阅读文献、写文献综述，获得界定问题、分析问题和解决问题的能力。同时，还要让学生了解和掌握正确的学术注释规范，培养其形成良好的学术人格，不抄袭和剽窃他人劳动成果。

此外，学校应该从研究经费方面给予更充分的保证。可争取通过多种来源和方式，为学生科研活动提供多种资助。其大致可分为两类，一类是研究计划资助，例如由学校设立的各种研究计划、暑期项目，附带一定的资助；另一类是有一定方向性的专项资助，例如专供某一学科领域研究的资助，并提供发布研究成果的机会。学校应该定期在校报上刊登出学生的一些研究成果，以激发学生的研究热情。独立完成并且在公开刊物上发表的学术论文，字数符合毕业论文要求并且与本专业相关，经各学院学术委员会的表决同意可以替代毕业论文。

结　论

学生进行科研活动的热情很高，但是需要教师加以积极引导，使学生开展科研活动时知道如何选择自己的科研题目，如何利用切实可行的研究方法得出可信的结论，因而教师需要不断思考怎样"更好地扮演园丁角色、向导角色、助产士角色、教练角色、指挥家角色"。① 从而有助于学生将这种科研热情持久地保持下去。一个国家、一个民族的未来在于是否有强大创新能力,因此,我们要努力按照习近平总书记指出的那样:"更加自觉地把工作着力点放到加大创新驱动力度上来,不断为创新发展注入新的动力和活力。"

---

① [美]玛丽埃伦·韦默著,洪岗译:《以学习者为中心的教学:给教学实践带来的五项关键变化》,浙江大学出版社2006年版,第51—52页。

SPOC教学模式在中东课程中的综合应用[*]

一、网络课程从MOOC到SPOC的演变

慕课（Massive Open Online Courses，简称MOOC），即大型开放式网络课程，2012年，美国麻省理工学院、斯坦福大学等高校率先推出了Coursera、edX和Udacity三大MOOC平台。由于是名校名师，顶级课程再加上顶级制作，课程质量和水平都非常高，这使MOOC很快从美国蔓延到全世界。2013年5月，中国高校走出MOOC第一步，清华大学与北京大学把部分课程搬上edX，复旦大学及上海交通大学也在同年7月与Coursera正式签约。中国至今较为著名的MOOC平台有清华大学的"学堂在线"、五所交通大学共建的Ewant、"爱课程"、网易云课堂推出的"中国大学MOOC"、果壳的MOOC网等。

MOOC作为在线课程教学快速流行的原因是：（1）视

---

[*] 本文作者：郭依峰，北京第二外国语学院政党外交学院教师，研究方向为中东与美国外交。

频配合测试开展课程教学的形式便利师生；（2）课程结构的模板化设计使得在线课程建设易于规范化；（3）免费而且开放的属性有助于推进优质教育资源的共享与高等教育全球化和国际化进程；（4）基于大数据的学习分析技术可以及时帮助教师和学生调整教学内容和学习计划；（5）后期教学组织实施成本相对较低使资本投资收益率升高。[①]

尽管MOOC有诸多优势，但是也要看到其在教学实践和技术实施方面的很多问题：

第一，MOOC以源自传统课堂教学的结构化知识传授为主，继承了传统课程教学的优点和不足，因此并不适合分布式认知和高阶思维能力培养。

第二，基于行为主义理论的MOOC必然导致教学模式与教学设计单一化，缺少分层的教学目标分析，也不能满足多种学员对象的需求，难以适应高等教育众多学科和不同类别课程的具体要求。

第三，MOOC缺乏数字化教学资源库和与其他教学及其管理平台的数据交换共享，更是与联合国教科文组织对于开放教育资源标准的要求相差甚远。

第四，MOOC课程完成率低，仅有10%的学生完成课程学习。

MOOC的兴起和发展可理解为在线教育发展过程的一个新的切入点和契机，MOOC也引起了国内外，尤其是国内教育部门领导、高校管理者、教师和社会公众对在线教

[①] Rolf Hoffmann, "MOOCs – Best Practices and Worst Challenges", http：//www. aca‑secretariat. he/index. php? id = 674, ACA Seminar Brussels.

育的普遍重视，但一定要正视当前许多MOOC在教学方法上传统守旧、教学质量不高这一事实。我们要辩证认识和发展MOOC，从单一的课程层面扩展到系统的教育层面，从单一的网络教学扩展到混合教学，小规模限制性在线课程（Small Private Online Course，简称SPOC）引入教学模式。

SPOC是哈佛大学继MOOC之后提出的一个新概念。2013年1月，哈佛大学法学院教授威廉姆·W.菲舍在Harvard X上开设了名为"著作权"的SPOC课程，成为哈佛大学对SPOC的首次尝试，随后这种新型教学手段逐渐走进世界各地的大学课堂。

SPOC又被称为"私播课"，是指使用MOOC的技术平台和教学手段进行授课的校内课程，通过限制人数和提高准入条件来提升教学服务和学习质量。小规模和限制性是相对于MOOC中的大规模和开放性而言，小规模是指学生规模一般在几十人到几百人，限制性是指对学生设置限制性准入条件，达到要求的申请者才能被纳入SPOC课程。[①] SPOC实现的是小众教育，一般只限本校甚至本系学生参加，教师组织线下教学活动，从而实现线上线下混合式教学，发挥各自优势的效果。

在典型的SPOC教学过程中，教师在线设置授课视频、学习资料、课后作业、在线测试等教学资源，课前由学生自主在线学习，然后在课堂上进行面对面的讨论、答疑、

---

① 曾明星等：《从MOOC到SPOC：一种深度学习模式建构》，《中国电化教育》2015年第11期，第28—34、53页。

实验等，最后是课后反思、评价等。SPOC在一定程度上解决了MOOC天然存在缺失教学方法的短板，带来了与MOOC在面向对象与教学策略上的不同，非常适合于高校教育对象和教学模式。SPOC至少在以下三个方面具有MOOC无法比拟的优势：

第一，SPOC使在线学习已经跳出了复制课堂课程的阶段，适应了大学特别是精英型大学的排他性和追求高成就的价值观。

第二，SPOC创新了课堂教学模式，让教师更多地回归校园，回归小型在线课堂，这大大激发了教师的教学热情和课堂活力。SPOC重新定义了教师的作用，创新了教学模式。

第三，SPOC更加强调学生完整、深入的学习体验，有利于提高课程的完成率。

可以看到，SPOC教学模式充分利用了MOOC的重要特征，包括获得高质量的课程材料并且通过自动评分迅速反馈给学生，最大限度地使稀缺资源发挥效力。

二、SPOC混合式教学模式运用的理论基础

（一）检索性练习理论

检索性练习是一种从短期记忆中回溯信息，以增强长期记忆的学习行为，检索性练习需要学习时不断回忆事实、概念、事件，并将其内化，扩大知识体系。与集中学习相比，检索性练习记忆时间较长，有间隔的检索性练习

可以产生更强的长期记忆。而检索性练习与细化知识均不是高科技手段，只要通过"反思—操作—反馈—反思"的步骤即可完成。①

相关研究发现，频繁互动可以避免注意力分散，是确保学习者持续专注的一种有效手段。因此为提高在线学习效率，避免观看视频"满堂灌"的局面，缓解学习者长时间集中注意力导致学习效率不高的压力，可以在视频中插入暂停选项，嵌入多种形式的互动练习和测试，以便让学习者及时检测自己的学习效果，测试不达标者需要重新学习视频内容才能继续。

学习的本质就是知识链与记忆结。不管学习什么知识，要掌握就必须将其关键概念连点成线，与相关的已知知识串联，形成一条"绳线"，而若"绳线"上没有打结，知识点就容易掉落，所以需要运用工具给知识链打个结，让知识链变得更牢固。

（二）精熟学习理论

由美国当代著名教育心理学家布鲁姆提出的精熟学习理论就是在"所有学生都能学好"的思想指导下，以集体教学为基础，为学生提供所需的个别化辅导，从而使大多数学生完成课程学习任务。

精熟学习理论立足于个人，承认学生存在不同，对

---

① Szpunar Karl K., Novall Y., Daniel L., "Interpolated Memory Tests Reduce Mind Wandering and Improve Learning of Online Lectures", Proceedings of the National Academy of Science, 2013, Vol. 110, No. 16, pp. 6313 – 6317.

象就是个体。将知识不再按照教师的认知大块的呈现出来。而是将知识按照知识点的形式分解，用微课的形式呈现出来，针对一个内容，根据自己的方式，可以选择快速观看，也可以反复观看，直到能够完全掌握这个知识点，才进行下一个知识的学习。只有稳固一个知识点，在这个基础上构建其他的知识内容，这样的学习才会流畅。

教师应注重个别化纠正性教学，根据学生身心发展特点和学习需求，因材施教，培养多元型创新人才。例如，MOOC课程嵌入式测验和在线练习的设计理念正是为学习者提供多重知识内容的练习，进行实时与重复的反馈练习，使其在虚拟课堂有机会反复熟悉相关概念，强化重要概念。

（三）"双主"教学理论

"双主"教学理论是"主导—主体"教学系统设计模式（以下简称"双主"模式），是何克抗教授在教育心理学家奥苏贝尔的"有意义学习理论""动机理论""先行组织者"教学策略及建构主义学习理论指导下提出的以学生为主体、教师为主导相结合的新型教学系统设计模式。

"双主"模式是一种既能发挥教师主导作用又能充分体现学生认知主体作用的教学模式。其发挥教师主导作用，但不像以教师为中心的传统教学模式那样，教师发挥"主宰"作用，完全"唱主角"；其充分体现学生的认知主体作用，而不是时间上以学生为主体。在这种模式中，教师有时处于中心地位，但并非自始至终；学生有时处于接收知识状态，但更多的时候是在教师帮助下进行主动思考探索，教学媒体有时作为辅助教学的教具，有时作为学生自主学习的认知工具。

"双主"模式将以教为主和以学为主的教学设计模式有机结合，避免了在教学过程中单纯使用一种教学设计模式而产生的教学时单方面（教师或学生）主宰教学而出现的"满堂灌"或"盲目学"的现象，使学生能够采用更合理的学习策略掌握学习内容和提高自学能力，优化了教学过程。

（四）连通主义学习理论

西蒙斯在 *Connectivism: A Learning Theory for the Digital Age* 一文中系统提出了连通主义学习理论，指出学习不再是一个人的活动，而是连接专门节点和信息源的过程。学习是一个过程，被看作一个网络形成的过程，它关注形成过程和创建有意义的网络。

知识基础的迅速改变导致决策的改变、新的信息持续被获得、区分重要信息与非重要信息的能力至关重要。连通主义的起点是个人，个人的知识组成了一个网络，这个网络被编入各种组织与机构，反过来各种组织与机构的知识又被回馈给个人网络，以供个人的继续学习。

连通主义认为知识发展的个人—网络—组织的循环使得学习者在各自的领域保持不落伍。个体对所需知识的学习能力比对知识的掌握能力更重要。由于知识不断增长进化，获得所需知识的途径比学习者当前掌握的知识更重要。知识发展得越快，个体就越不可能占有所有的知识。

连通主义是一种经由混沌、网络、复杂性与自我组织等理论探索的原理的整体。学习是一个过程，这种过程发生在模糊不清的环境中，学习（被定义为动态的知识）可存在于我们自身之外（在一种组织或数据库的范围内）。我们可将学习集中在将专业知识系列的连接方面。这种连接能够使我们学到比现有的知识体系更多、更重要的东西。

三、SPOC 混合式教学模式下教学方式与学习路径的选择

在教学实践的路径选择上要根据教学目标、内容结构、教学环境以及学习者特征等要素调整教学过程、方法和手段，在 SPOC 教学模式下的教学策略应针对不同层次的教学内容采用不同的教学方法，以及针对不同层次的学生提供差异化的学习过程。①

教学方式应根据学习者特征、知识类型和难度、教学进度等进行改变。翻转课堂将传统的课堂讲授学习和

---

① 徐葳等：《从 MOOC 到 SPOC—基于加州大学伯克利分校和清华大学 MOOC 实践的学术对话》，《现代远程教育研究》2014 年第 4 期，第 13—22 页。

课后讨论答疑翻转为课前在线讲授与学习和课中线下讨论与答疑，以提升学生的学习兴趣和学习效果。对于学习基础较好的学生，这种方式应该能够取得比较好的教学效果，而对于基础较弱、不经常提问和讨论的学生，这种方式可能会影响他们的学习兴趣，所以这种教学方法在实际应用中不能一成不变。课中线下教学不仅仅是讨论，可适当由教师进行指导与引导，训解思路、重难点、案例等，再进行讨论和问答。而课中讨论分组不应固定，可相同层次的学生分成一组，不同层次的学生分成一组，根据讨论题目难度、学习者层次、激励程度等因素来确定。

对学生的要求是课前在线学习、课中线下学习和课后拓展学习。课前在线学习，允许学生根据自己的兴趣、认知和能力来确定初次教学目标，选择适合自己的学习路径。例如，基础差、认知弱的学生可以在课前在线学习时用更多的时间观看课程视频和学习材料，完成基本的练习；而基础好、学习能力强的学生则跳跃性有选择地学习，领悟深层次的内容，完成难度更大的练习。教师可根据实际情况，设定多种学习路径，包括学习资源、练习内容、拓展实践、综合应用等，并给定完成任务的参考时间和效果。学生通过一段时间的学习后，学习信心和效果都得到较大的提升，可能会根据自己的情况改变学习目标，选择更高层次的学习路径。[1]

---

[1] 何克抗等：《"主导—主体"教学模式的理论基础》，《第一师范学报》1999年第2期，第3—9页。

四、与 SPOC 平行的其他网络教学模式比较

（一）翻转课堂

翻转课堂是指调整课堂内外的时间比例，将学习的决定权从教师转移给学生。在课堂的宝贵时间内，学生能够更专注于主动的基于项目的学习，教师不再占用课堂的时间来讲授信息，这些信息需要学生在课前完成自主学习，他们可以看视频讲座、听播客、阅读电子书，教师能有更多的时间与每个人交流。翻转课堂教学模式的本质是"学生前置自主学习"（知识传授）+"师生课堂互动学习"（知识内化）。[①]

翻转课堂教学法认为教育包含两个步骤：第一步是新信息的传授，学生要有理解并吸收这些信息的能力。在传统课堂上，第一步通常在面对面的课上时间进行。第二步是将家庭作业分配给学生。在第二步，学生靠自己去理解并消化课堂上遇到的新信息。其本质上需要翻转的是课上的面对面时间，学生与新知识的第一次接触是在课外与课前发生的，而在课堂上，学生与同学及教师协作，使教师能够在学生吸收新信息并拓展自身思维和想法时给予及时的、纠正性的反馈。

[①] The New Media Consortium (NMC), Educause Learning Initiative (ELI), Educause Program, "Increasing Use of Blended Learning", The NMC Horizon Report (Higher Education Edition), 2015, pp. 16 – 17.

例如论文写作课的目的是帮学生构建在学术情境下以连贯、清晰的报告及论文表达自身观点的能力。该课程教导学生如何采用研究写作的步骤、批判性地分析与逻辑撰写学术论文。课前，学生们会阅读一些翻转资料，这些资料的重点在于一篇研究论文主要部分，如标题、论点、主体、过渡句、结论、引证及参考文献等。为确认学生已经阅读了这些材料，教师可在学校的学习管理系统上开设一个论坛，或为学生提供在线练习，要求他们标注出一篇研究论文的各部分，在下堂课前教师审阅这些练习。这一过程被称为适时教学，它要求学生完成作业，通常是通过一个网络平台，教师可以在下一堂课之前审阅。由于教师在教学前已看过学生的作业，他们就可以根据学生的需求和兴趣进行教学。

翻转教学使教师能够有效地满足学生的需求和兴趣，同时鼓励课上的协作学习和示范。在这种环境下，学生更愿意参与课堂讨论，从而获得更好的学习效果。

（二）微课

微课是指运用信息技术，按照学习认知规律，呈现碎片化学习内容、过程及扩展素材的结构化数字资源。

微课的核心组成内容是课堂教学视频（课例片段），同时还包含与该教学主题相关的教学设计、素材课件、教学反思、练习测试及学生反馈、教师点评等辅助性教学资源，它们以一定的组织关系和呈现方式共同建构出一个半结构化、主题式的资源单元应用小环境。因此，微课既有别于传统单一资源类型的教学课例、教学课件、教学设计、教学反思等教学资源，又是在其基础上继承和发展起来的一种新型教学资源。

一般人的注意力只能保持 10 分钟左右，因此过去教学录像长达 45 分钟甚至更久根本无法保持学生注意力。因此，以知识点为单元的系列微课串成章节或课程体系，便于学生观看和下载，更能够增加学生的粘着性。

对于较宽泛的传统课堂，微课的问题聚集、主题突出，更适应教师的需要：微课主要是为了突出课堂教学中某个学科知识点（重点、难点、疑点内容）的教学，或是反映课堂中某个教学环节、教学主题的教学活动。

对教师而言，微课革新了传统的教学与教研方式，教师的电子备课、课堂教学和课后反思的资源应用将更具有针对性和实效性，基于微课资源库的校本研修、区域网络教研将大有作为，并成为教师专业成长的重要途径之一。

微课制作应以学生为中心，即微课内容如何更能让学生理解，而不是固守成规按照传统教学方式制作，并且记录教师在课堂内外教育教学过程中围绕某个知识点（重点、难点、疑点内容）或教学环节而开展的精彩教学活动全过程。

对于学生而言，微课能更好地满足学生对不同学科知识点的个性化学习、按需选择学习，既可查缺补漏又能强化巩固知识，是传统课堂学习的一种重要补充和拓展资源。

（三）混合学习

混合学习是指线下面对面教学与在线学习有机结合的

学习方式。混合学习强调把传统学习的优势和网络学习的优势结合起来，也就是说，既要发挥教师引导、启发、监控教学过程的主导作用，又要充分体现学生作为学习过程主体的主动性、积极性与创造性。

混合学习结合课堂教学与网络学习两种学习环境，在信息技术的支持下，使用传统教材和在线学习资源，以传统课堂教学和在线学习方式将教学内容呈现给学习者，以助其取得最大的学习效益[1]。

混合学习模式的目的在于帮助学生实现知识技能化，并且学以致用、用以创新，高效地完成工作任务，同时减少不必要的时间成本和资金成本。

可以看到，以上的每种教学新模式都有其优势及创新之处，但在实际的教学实践过程中也都可能遇到一些问题，更加合理的方式是在教学实践中根据不同的教学环境、不同的学生、不同的教学设施选用不同的教学方法。本文研究的是在教学实践中采用以 SPOC 模式为主干，微课与翻转教学为补充的混合学习方式。

五、学习过程的详细设计方案

这个教学模式以任务驱动为核心，依靠知识点建立学习任务单，每一个主要知识点可化解为若干个学习任

---

[1] Yagodzinski. E,"Web – Based Training: Creating e – Learning Experiences", Internet and Higher Education, Vol. 6, No. 2, 2002.

务，包含任务目标、问题列表、学习指南、学习测试和学习反思等，把教学目标和内容隐含其中，体现课程大纲中所要求培养的知识和能力，同时能激发学生学习的积极性。

（一）课前在线学习——微课+测试+在线辅导与反馈

在 SPOC 混合学习模式下，课堂前主要以任务清单为驱动，学生依据任务清单进行自主学习。微课内容包括课堂教学前的导论和课堂上要花很长时间才能讲清楚的难点部分，微资源主要包括已经上传到云课堂的教学三表、课件、参考文档、音频和视频等，学生可根据自己的个性化需求、学习目标和计划自行安排学习进度，选择性地阅读和理解微课和微资源的内容。学习过程中如果遇到了问题，可在已建立好的相关社交群中与其他人交流解决，也可由教师在群中辅导答疑。完成任务单上的学习任务后，学生进入本次任务相关的测试阶段。测试内容避免机械性的章节练习，尽量分解为循序渐进的小问题，以达到巩固知识点的目的。[1] 测试也放在学校现有的云课堂平台上，可设计成分层分级多次完成，自动评分系统反馈测试结果，以此检验学习效果，并决定是否需要重做该任务，还是直接进入下一个学习环节。本次任务完成后，可选择性进行在线反馈。在线反馈可

---

[1] Jeffrey D. K., Janell R. B., "Retrieval Practice Produces More Learning than Elaborative Studying with Concept Mapping", Science, 2011, Vol. 334, p. 453.

以在云课堂端由教师发起问卷调查，也可以由学生留言直接反馈。问卷调查的内容可以包括对知识点的掌握程度、目前尚存的难点、感兴趣的相关知识等。这种模式下的课前在线学习可以为学生自主学习提供空间和服务，调动了学生学习的主动性、积极性、交互性和自觉性。

（二）课中线下学习——合作+讨论+交流

课堂教学主要采用以调动学生的学习动机为目的的翻转课堂模式展开，依托线上学习内容，以完成任务和项目为驱动，注重培养学生的探究意识和创新意识。翻转课堂将传统课堂翻转为课前在线学习和课中线下讨论，以提升学生的学习兴趣和学习效果。

在课堂教学之前，教师要精心设计讨论的主题与展开的形式与方法，虽然在表面上教师退居次席，但真正的设计框架、课堂的实际"导演"仍然是教师而不是学生。在翻转课堂上学习主角回归学生，学生通过自身和交互的学习活动，体验到学习的效果。教师根据任务单和学生课前在线学习的效果及反馈，适当安排课中讨论任务和项目。

前期在学生讨论分组时，笔者的教学实践是把积极主动的骨干学生平均分到每个小组中起到关键的带头与隐性的引领作用，学生讨论分组也可根据讨论题目难度、学习者层次、激励程度等因素来确定。每个小组的学生人数一般不要多于7个，因为小组中人数过多时会自动出现冗余学生，但小组的人数也不可少于4个，因为学生人数太少也不可能有积极的互动。

在课堂讨论最后的点评阶段，教师应该依据学生的参与度、理解程度、准确性、流利性分别给个人和小组评分。课堂上学生讨论和辩论是理解、内化、实践所学知识和技能的过程，同时通过分析合作解决问题，交流不同观点，学会倾听和表达。作为学习小组整体共同完成某一任务或项目时，学生相互交流、讨论、合作，增强完成任务的信心，激发信息探究行为，促进协作式学习的顺利进行。

（三）课后拓展学习——研学+实践+交流

课堂上学到的理论知识必须和实践紧密相连，通过实践项目能使学生进行更加完整和深入的学习体验。

教师可以根据学生应掌握的专业能力，设置相应教学实践课，提出研究方法，设置成果要求；学生根据自己的实际情况，对相关知识和方法进行拓展学习，以学习小组为单位，通过线上研究讨论、线下协作实践等方式来完成；教师可根据学生问题反馈进行在线辅导；学生将完成的项目成果以图片、文字、动画、视频等多种形式在学习平台上展示，相互评价交流，通过师生、生生互评，使学生处于一种分析自我、评判他人、创造应用的氛围中，带动知识的迁移与运用，加强了集体的协作。[①]

通过进阶学习、项目实践和交流互评进行课后拓展学

[①] Sharon See, John M. Conry, "Flip My Class! A Faculty Development Demonstration of a Flipped Classroom", Currents in Pharmacy Teaching & Learning, 2014, Vol. 6, No. 4, pp. 585 – 588.

习，不仅能完备理论知识，更能提升实践能力、创新能力和协作能力。

六、教学效果的量化测试实现方式

在中东政治经济与外交课程中实行SPOC混合教学模式进行课堂教学一学期后，对上课的学生进行了一次问卷调查，以便于检验这种教学模式的实施效果。调查问卷的内容采用李克特量表的形式，对每一个问卷题设计了"非常同意""同意""不一定""不同意""非常不同意"五种回答，分别记为5、4、3、2、1分，[①]每个被调查者的态度总分就是他对各道题的回答所得分数的加权。

表1 调查问卷的所有指标列表

一级指标	二级指标
主动参与度	课堂学习的积极性
	主动学习的意愿度
	参与互动交流的主动度
技能适应度	学习技能的掌握度
	教学方法的接受度
	获取学习资源的能力

---

① Haris A., Omer L., Nicholas M., Jeffrey S., Rosenschein, Toby Walsh, "Strategy Proof Peer Selection: Mechanisms, Analyses, and Experiments", Thirtieth AI Conference on Artificial Intelligence, 2016.

续表

一级指标	二级指标
学习效果	目标知识掌握度
	学生自我满意度
	自学的完成度
	互动交流的参与度
	作业测验完成度

参与此次调查的有效样本数为43个，五项问卷值的分布情况如下：

表2　调查问卷分值分布

非常同意	40%
同意	50.2%
不一定	5.8%
不同意	4%
非常不同意	0%

从调查问卷的分值分布情况大致可以看出，学生对这种教学模式的满意度还是比较高的。

下面用连续三年的统计数据——2019年、2020年、2021年进行方差分析，2019年与2020年没有实行课堂教学改革，而2021年是实施课堂教学改革的第一年，用2021年的数据与2019年和2020年进行方差分析，可以看出2021年明显不同于前两年，用以检验新的课堂教学模式是否优于传统的课堂教学模式。

表3 评价指标的权重值分配

维度	总权重	评价指标	权重
主动参与度	0.21	课堂学习的积极性	0.09
		主动学习的意愿度	0.05
		参与互动交流的主动度	0.07
技能适应度	0.30	学习技能的掌握度	0.18
		教学方法的接受度	0.09
		获取学习资源的能力	0.03
学习效果	0.49	目标知识掌握度	0.05
		学生自我满意度	0.06
		自学的完成度	0.16
		互动交流的参与度	0.15
		作业测验完成度	0.07

样本分析结果如下：

表4 样本方差分析

	方差分析1		方差分析2		方差分析3	
年份	2019	2020	2019	2021	2020	2021
平均值	75.30	76.22	75.30	80.34	76.22	80.34
标准差	9.24532	13.12213	9.21662	8.78312	13.20631	8.84615
t值	0.19173		−2.63841		−2.38817	
p值	0.41913		0.00285		0.00947	

从表4的方差分析结果中可以看出，2019年和2020年学生平均分接近（75.30，76.22），p值远大于0.05（0.41913），故这两级学生成绩并无显著改变。而2021年按SPOC混合教学模式实施课堂教学，学生平均成绩高

于上两级学生的平均分（75.30，76.22，80.34），方差分析 2 和方差分析 3 的 p 值也都小于 0.05（0.00285，0.00947），故经过教学改革的学生在成绩上有显著的提高。

国际关系史课程思政建设的思考与探索[*]

习近平总书记在学校思想政治理论课教师座谈会上指出：要把思政工作贯穿教育教学全过程，实现全程育人、全方位育人。中国教育强调全员、全过程、全课程育人格局的构建，倡导将各类课程与思想政治理论课同向而行，形成更为良好有效的协同效应，把高校立德树人的教育理念进一步深化拓展。高校立身之本在于立德树人，所有课程都是育人的渠道，都可以与思政教育相结合。瞄准思政课程教学新方位，认识和承担起思政教育推进的新任务，把握和做好价值引领，将思政元素融入教学中并且科学、有序、合理地进行，势必成为高校教育工作者认真思考和探索的重要课题。

笔者结合自己的高校教学经验以及对于相关学科和专业的了解，在教学实践活动中一直尝试将思政元素融入到专业知识的传授中，尝试将思政教育的理论知识、价值理念以及精神追求等融入到课程之中，期望对学生产生潜移

---

[*] 本文作者：申险峰，北京第二外国语学院政党外交学院副教授。

默化的思想意识和行为举止的良性影响，真正实现传道授业解惑的同时进行育人育德，将正确的国家观、民族观、历史观、文化观传输到每位学生的心中，为中国特色社会主义事业培养合格的建设者和接班人。

一、结合学科专业特色和优势强化课程思政育人理念

政治学作为一门学科，其研究对象迄今为止依然存在一些争议。无论是主张研究政治现象和政治关系的观点，还是主张以国家为代表的行为体为主要研究对象的观点，基本都可以概括为：政治学是一门以研究政治行为、政治体制以及政治相关领域为主的社会科学学科。现代政治学注重研究政治主体和现实政治问题，如政治制度、国家法律、政治行为、政治决策、政治合法性、政治心理等。

很多高校政治学相关专业的培养方案中对于专业特色和定位都突出了"国际视野"和"家国情怀"等关键词。如二外国际事务与国际关系、外交学、国际政治等专业在培养方案中的专业定位方面，明确提出：以服务国家战略和首都发展为己任，坚持内涵发展，强化交叉融合，致力于培养"多语种复语、跨专业复合"、具有家国情怀和国际视野的复合型人才。其专业特色中明确指出了培养什么人、怎样培养人、为谁培养人的根本性问题，从而使我们充分认识到政治学学科的特殊性，它具有清晰而明确的价

值引领作用，通过专业理论知识和实践知识的传输，形成学生对于政治现象正确理解和解读的框架结构，引导学生深刻理解和自觉树立我国社会主义核心价值观，深化学生对于学科知识的掌握的同时，培育学科知识和思政元素内化的卓越人才，服务于国家和社会。

政治学学科本身具有独特性，主要分析和阐述国际问题相关的理论与实践知识，价值判断的差异对学科相关知识的解读产生至关重要的影响。相关专业的大量课程和思政教育更有着密不可分的联系，使相关专业课程的思政化建设有着先天优势，同时也面临着更多更复杂的挑战。因此，政治学高校教育者的育人理念对知识的传播和解读产生的作用影响深远。

党的十九大提出，要把立德树人作为教育的根本任务，在高校全面推进课程思政建设。课程思政是高校思政教育工作和专业人才培养有机结合的重要形式、实施路径和有效载体。2017年教育部发布了《高校思想政治工作质量提升工程实施纲要》，对高等学校实施课程思政做出具体规定，要求高校把"立德树人"融入人才培养全过程。2019年发布了《关于深化新时代高校思想政治理论课改革创新的若干意见》，提出：要把学生培养成为德智体美劳全面发展的社会主义建设者和接班人。为适应国家和社会发展对高素质应用型人才的需要，高校在课程思政建设上下功夫的首要问题是使专业课教师树立课程思政育人理念。

教师是课程思政建设的主导力量，要引导学生深刻认识课程思政的重要性、必要性和紧迫性，提高思政素养。

引导学生作为学习的主体和接受知识的主体，也要发挥主观能动性，积极主动地参与到课程思政建设工作中来，逐步形成师生之间良性互动的机制。只有专业课教师自觉树立了"课程思政"育人理念，通过认真设计、合理有序的课程教学，在思政教育和专业知识的传授中渗透社会主义核心价值观，将国家意志、社会价值和个人追求相融合的育人理念及方法，才可以使学生更好地树立正确的世界观、人生观和价值观，实现对当代大学生的人文关怀和培养，实现立德树人、课程思政的根本性目标。

树立了正确的思政育人理念则为高校教育工作打下了坚实而正确的基础，实践中还要根据不同学科专业的特色和优势，深入研究不同专业的育人目标，深度挖掘提炼专业知识体系中所蕴含的思想价值和精神内涵，科学合理拓展专业课程的广度、深度和温度，从课程所涉专业、行业、国家、国际、文化、历史等角度增加课程的知识性、人文性，提升引领性、时代性和开放性。

二、优化课程思政教学内容

课程思政育人理念必须以课程为载体，通过教师对课堂教学内容进行挖掘、提炼和整合，使之成为思政元素的过程。具备了课程思政的育人理念，付诸实践的教学活动才能成为实现目标的有效方式。高校教师在进行教学设计、授课时，需要把课程中的思政元素融入教学设计和授课中，在传授知识的同时培养学生的社会主义核心价值观，这也是高校教育工作者的初心和使命。课程思政育人就是通过挖掘课程中蕴含的德育元素，将思政教育融入到专业课堂教学活动中，培养学生良好行为习惯，形成正确价值观念，最终达到促进学生健康成长和全面发展的目的。

国际关系史是政治学一级学科专业必修课，是基础研究性课程。此课程内容涵盖了从17世纪中叶到20世纪中叶三百年的历史，从三十年战争的爆发，国际社会第一个国际体系——威斯特伐利亚体系的建立，经历了维也纳体系、凡尔赛华盛顿体系，一直到第二次世界大战的结束。在这段历史发展进程中，国际社会发生了巨大的变化，对当今国际格局和国际体系的形成产生了深远影响。学习和掌握这段历史，对于拓展学生对国际问题历史渊源的认知，加强对当前国际问题的分析和判断能力具有至关重要的作用。随着冷战结束和全球化时代的到来，一国的内政、外交已经更加密不可分。人们对变化莫测的国际关系更为关注，对诸种国际问题的来龙去脉更要了解清楚，国际关系史也随之成为现代知识结构不可或缺的一部分。随着中国综合国力的提高和对外关系的迅速开展，中国在国际关系中的地位不断上升，中国对于国际事务的参与能力不断提升，以史为鉴才能更好地提升对当前国际关系和国际事务的处理和应对能力。

国际关系史不仅包括课程理论知识，还包括专业素养。作为历史类课程，历史本身就包含着客观存在和主观评价两方面内容，主观评价可能对于三观正在逐步塑造当中的学生产生影响终生的作用。在授课过程中既要让学生掌握基础知识，又要有一定的思政教育意识，在教授知识的同时优化教学内容，将思政内容融入到教学中，成为教学的重要组成部分。教师要善于挖掘教材中蕴含的思政内容，并将其有机融入到教学过程中，激发学生的学习兴趣。笔者在课程内容优化设计中，将教学内容本身蕴含的思想性、科学性、先进性进行深入阐释的同时，重视发掘和应用思政素材，在课程准备中注重搜集整理蕴含思政元素的故事、案例、社会热点和国家战略，并进行了部分内容的筛选、融入或拓展，使我国社会主义核心价值观的理念在潜移默化中自然地进入到授课内容中并有机结合，对学生的思想意识和价值观念产生正面而积极的影响。

（一）中国与第一次世界大战

众所周知，中国战场是第二次世界大战的主战场之一，中国在第二次世界大战中承担的压力与责任、发挥的作用和影响力是毋庸置疑的。然而很长一段时间里，国际社会对于中国在第一次世界大战中的地位和作用始终保持一种直接忽视的态度。即使在国内编著的相关国际关系史教材中，涉及中国和第一次世界大战的内容也基本局限于巴黎和会和五四运动的关系解读，对于中国作为第一次世界大战的战胜国所遭受到的不公正待遇无法进行充分而深刻的理解，甚至可能引发一些误解。

笔者通过查阅资料，将蔡元培先生提出的"中国劳工旅"的概念纳入到第一次世界大战的内容之中,并搜集整理大量的文字、图片、视频等资料直观地展示给学生。对于14万中国劳工对战时欧洲经济的稳定与复兴、战略物资的生产与制造、前线防御工事的修筑、战场的清理与救助、直接参战等巨大的贡献做出客观而真实的分析与评价。让学生对中国在第一次世界大战中的历史性贡献引以为荣,同时更容易使学生对中国作为战胜国在战后的国际会议中遭受的不公正待遇认知清醒,在授课中化解了可能出现的误解,从而触发了同学们的民族自豪感和认同感。

(二) 对比德国和日本对战争的反思

第二次世界大战是世界人类文明的灾难,主要战犯在战后受到了国际法庭的制裁,但发动第二次世界大战的德国和日本并未作为行为主体受到处罚。触发这场战争的两个国家对于战争的反思必将对两个国家未来的国家战略和政策的制定产生深远影响。

笔者寻找大量的客观资料对两个国家对于战争的反思和举措进行了多个层面的对比。德国无时间期限的战争赔偿;德国总理在波兰英雄纪念碑前的下跪,赋予世界对其新的认知;对于纳粹相关标志、理念、组织等的高度警惕和重视……战后的德国让世界刮目相看。而日本却存在着供奉着甲级战犯的"靖国神社"、参拜"靖国神社"的各位政客、右翼教科书、慰安妇问题等。有人深受日本动漫和其他文化作品的吸引,对于日本有着好感,这是因为不了解历史产生了片面的判断。忘记历史就意味着背叛。我们应该看向未来，但在此之前，我们对于历史与过去要有一个负责任的态度和立场，让双方能对过去画上一个互相接纳的、圆满的句号，才能心怀坦荡地携手走向未来。讲授真实的历史不是为了煽动仇恨，而是让当代人更加清醒地去了解其真实的面目和存在的问题。

除此之外，在讲授欧洲启蒙运动时，增加了对欧洲的"中国热"的探讨，中国文化的传播与影响；在讲授第二次世界大战反法西斯同盟战线的形成时，增加了中国共产党在推动其形成方面提出的倡议、发挥的一些推动性作用等。通过一系列知识讲解及教授案例剖析教学内容中所蕴含的思政元素后，让学生在思考中感悟历史文化内涵、树立民族自信心和责任感等。

三、加强课程教学过程中的思政教育

国际关系史课程作为一门综合性较强的课程，能从不同角度去研究和分析历史上的国际关系问题，因此可以从不同学生群体出发，开展多种形式的思政教育活动。教学内容是承载体，优化教学内容非常重要，怎么将内容输出并让学生欣然接受至关重要，关键是方式与方法的问题。

教学过程中，教师发挥主导作用，学生发挥认知主体作用，二者形成有机组合才能达到良好的效果。对高校教育工作者来讲，教学方式多元化是增强教学效果的有效方式之一。如针对本科生开设系列专题讲座、情景课堂表演活动、研讨课以及开展国际关系史相关知识竞赛，将国际关系史课程的教学方法与思政内容结合起来，从而充分发挥国际关系史这门课程本身所具有的学科优势以及思政教育效果。

首先，教师需要充分利用多媒体进行教学。现代化科技是推动高校教育教学发展的重要推动力之一，对于提升教育教学质量成效显著。善用多媒体是高校教师必备的技能，而在课程思政建设中，如何将多媒体手段与思政内容有机结合，使其功效最大化，将是教师不断推进学习和采用的重要手段。例如可以在运用传统的语言讲授法讲解PPT课件的过程中，进行直接感知方法的同步运用。在讲解中插入视频、音频、历史文档图片等方式来介绍有关历史事件，使学生在学习过程中能够更为直观、全方位地了解相关历史时期的重要历史时刻和相关历史人物、重要历史事件等，从而用更具有冲击力的方式印入学生的心中。如讲到第一次世界大战后的巴黎和会时，播放《我的1919》电影片段，让学生直接感受我国著名外交官顾维钧在巴黎和会上慷慨激昂的演讲，通过视觉和听觉的冲击触发学生感情共鸣。在讲解第二次世界大战的时候，历史上重要事件的记录视频（如莫斯科保卫战、敦刻尔克大撤退、柏林战役、奥斯维辛集中营等）和音频（如丘吉尔讲话等）将学生带入到那个历史时期，课堂中渲染的氛围和环境对于学生的内心触动远超过简单的描述性文字。同时，为了加深大家对于纳粹的真实认知和预防极右翼观念的渗透，通过播放德国电影《浪潮》的片段，让学生在观看德国一所小镇中学模拟纳粹独裁统治实验中的变化，体验法西斯如何让号称自由、理性的年轻学生逐步失控。引导学生去独立思考，年轻是他们的资本和财富，但同时也必须意识到，由于他们缺乏生活阅历和锤炼，面临着各种诱惑、误导和谎言的时候，可能会迷失在人生的道路中，忘记了自己的本心和使命。通过课堂教学内容与多媒体手段的立体化多元应用，将教学与学生当前的人生际遇和心灵迷惑相结合，有意识地回应学生在学习、生活、社会交往和实践中可能遭遇的真实问题和困惑，真正触及他们内心深处的认知，从而对他们进行积极正面的引导。

其次，适当运用翻转课堂、第二课堂等形式触发学生主体性作用发挥。翻转课堂是一种新型的线上线下混合教学模式，教师根据学科内容向学生提出问题并布置作业。第二课堂则是在第一课堂外进行的与第一课堂相关的教学活动，形式上更加生动活泼、丰富多彩。不同形式的课堂模式使学生的学习空间更为广阔，在教室里、在家里，甚至在社会上的相关地点都可以开展。

例如，课堂研讨只是整个教学活动进行中的最后一个环节，课堂之外的准备工作和协作学习才是最重要的步骤。在讲解法国大革命之前，教师提前让学生分组选题，结合法国大革命爆发的原因、法国大革命不同阶段（不同的执政阶层及理念）、欧洲国家对法国大革命的态度、法国大革命的影响等不同选题，课下进行相关书籍资料的阅读，教师对各组进行专业选题和阅读指导，对某一选题中存在的思维火花与方向进行启发，引导其思维，每个课题组课下进行讨论，梳理观点，完成在教师指导下自主学习和思考的各个环节。课堂上各组展示对于各选题知识点的理解与看法，共享心得与感悟，教师给出合理的评价和建议。在整个过程中，青年学生成长、成才的渴求进一步增强，当代大学生朝气蓬勃、积极向上的精神风貌得到了充分的激发和展示，学生在学习和展示的过程中学会了做事、合作、明确发展的方向和目标。

类似的方式还可以应用于情景表演环节，选出适当的选题，让学生自主搜集整理资料学习，理解处在重要历史时刻的历史人物的行为模式和心理状态，在课堂上演绎历史的经典时刻。也可以鼓励学生结合课堂授课内容开展知识竞赛，无论是竞赛的程序、环节、内容等都可以在教师指导下进行。充分发挥学生的自主学习、自我教育、自我管理和自我服务功能。坚持学生主体性原则，让学生从自我学习过程中寻找对自己有价值、有意义的问题，通过课堂讨论、课外阅读、角色扮演等多种方式积极参与到课程教学中来，进行探索交流，促进学生对课程思政建设工作产生情感共鸣和行为实践。学生可以通过对课程教学内容的理解和消化，形成个人独特的见解，进行自我教育；还可以通过生生之间及师生之间互相讨论、切磋达到相互交流、共同提高的目的；也能让学生从"要我学"转变为"我要学""我会学"，把学习作为自己自觉追求和精神向往。

实现课程思政效果，需要结合多种教学手段。利用PPT课件配合文字、图片，并结合音频、视频资料等丰富课堂形式，同时通过微信群、在线课堂进行教学资源推送、课后作业布置等多种方式进行课程思政的建设工作。可以定期邀请思政教育教师或专家为全校师生进行专题报告或讲座等，开展课程思政讲座，增强全体师生对思政教育内容的了解。在教学内容上加入思政元素并将其融入其中，从而使学生能够在课堂上认真听讲，同时提升学生对思政课内容的理解能力。还可以利用课堂讲授与课后作业相结合的方式来增强课程思政效果，进一步使学生更加全面地了解国际政治、历史知识、外交关系等知识，同时加深学生对专业知识的理解并提升自身对于思政元素融入其中的领悟能力。对于高校教育工作者来讲，知识传授只是初期的工作，在教学中提升学生的认知和分析问题能力是重要的进阶型培育，实践和运用能力的提升、思想意识和价值观念的树立才是全人教育的核心目标。

四、提升新时期教师思政育人能力

教师在课程教学中发挥着重要作用，教师的专业素养和育人能力直接影响课堂教学效果。因此，在课堂教学过程中如何发挥教师在课程思政中的重要作用是国际关系史课程所面临的一个难题。

首先，教师提升自身专业素养和育人能力是落实课程思政的关键。教师的育人能力和水平直接影响课堂教学效果。教师应加强理论学习和教学研究，将理论知识与教学实践相结合，不断提高自己的综合素养，不断加强教育理论与教学实践知识的更新与提升，做到与时俱进，为学生树立正确的价值观提供指导。可以通过为教师开设专题讲座来实现课程思政与教师教育相结合，使高校教育工作者们在综合学习国家相关指导性政策的基础上做到课前有准备、授课有目的、课后有反思，从而扎实有效地完成立德树人的根本任务。例如在教材选用上，充分发挥教材在课程思政建设中的重要作用，不能一味因循守旧。教师可以通过深入研读政治理论知识、世界历史和国际关系史等相关内容，发掘和凝练思政元素来进行教学。在教学中深入思考如何讲出课程的"思政味"，要在充分了解学生的心理的基础上诠释和解读适应他们风格、特点、习惯和范式的知识点，充分挖掘其显性的知识属性和隐性的学术属性，做到价值的增值与重塑。同时还可以利用网络为学生提供学习资源，如网上阅读、在线讨论等教学资源和服务。

其次，教师还应该充分提升网络运用技能，利用网络资源进行教学，加强课程思政的宣传力度和效果。教师应树立终身学习意识，科技的进步不断为教育教学活动开展带来新的模式，同样也对传统的授课模式产生巨大冲击。新时代背景下对高校教师提出了更高要求，信息时代的网络技术应该成为教师手中发挥"魔法棒"作用的重要工具，不断提升自身育人能力和水平成为教师的迫切任务。

课程思政建设是一项长期而复杂的工程，高校教师应该通过理论学习与教学研究加强自身对学科理论知识的掌握和理解，树立终身学习意识，不断提升育人能力和水平。同时，教师需要打造自身过硬的政治素养。如果教师自身对于社会主义核心价值体系的认知不够深刻，在授课过程中可能会出现简单粗暴地将教学内容进行思政元素表面化、硬融入的情况，将知识点进行单纯"贴标签"，使内容与隐含的价值提升存在"两张皮"的状况。同时也要注意，在课程思政过程中，也不可过度呈现，与课程无关的内容不仅大大影响课程思政的效果，甚至会引发学生排斥心理，从而适得其反。提升教师的思政育人能力，就是使教师在教授专业知识的同时，实现"润物细无声"的效果，从小处、细处、实处入手，潜移默化地浸润到学生们的内心之中，这才是课程思政建设的根本性目标。

"三全育人"视域下外交外事礼仪课程教学实践中的阶段性设计理念[*]

随着全球经济一体化进程的发展，全球商务活动和地区之间的经济来往更加频繁。中国加入WTO之后，对外开放程度不断加大，国际交往迅速增加。外事礼仪作为一种礼仪规范，能为双方提供具体礼仪攻略，增加合作机会。现今，外事礼仪已经成为建立中国企业文化和现代外交制度的一个重要方面。中国外事人员的文化修养和涉外交流素质等，逐渐成为中国"走出去"和"请进来"战略的重要制约因素，影响外国人对中国的好感度和评价。外事人员的职业素质与外国受众对华好感度呈正相关的关系，这里所指的职业素质除了心理素质、文化修养、专业技能之外，更包括在全球化视野下的跨文化交流能力的综合展示。因此，在国际事务与国际关系专业开设外交外事礼仪课程，就是注重培养学生跨文

---

[*] 本文作者：肖洋，北京第二外国语学院政党外交学院教授。本文是北京高等教育本科教学改革创新项目"北京国际交往中心建设背景下国际事务与国际关系专业核心课程教学改革研究"阶段性成果。

化交流、处理涉外事务的综合能力，使学生能够掌握国际通行礼仪规范、熟练运用涉外交往的技巧，更好地发挥"专业+语言"特色。

"三全育人"是促进课程思政持续推进、落实外交外事专业立德树人根本教育任务的有效保障。从"三全育人"视域审视外交外事人才培养实践的课程体系，需要从中探索具备"知行合一"的内隐式德育价值与中国特色社会主义的外显式德育价值。尽管国内大部分外语外事类高校的国际政治专业都开设了外交外事礼仪等相关课程，但大多处于边缘化地位，有针对性的教学改革实践并不常见。此外，大多数外交外事礼仪课程仍延续传统的讲授式教学法，使得课堂气氛缺乏活力，教学形式过于陈旧，学生的反馈结果也不乐观，大多是课后即忘，或是理论与实践脱节。因此，为了应对外交外事礼仪课程教学效果与教学目标日趋背离的现象，以及国内各涉外行业对应用型外事管理人才的巨大需求与高校涉外人才培养方式落后之间的矛盾，应探索一个适合该课程的教学模式，而怀特海的过程哲学思想，则为外交外事礼仪课程教学改革提供了新的思路。

一、怀特海过程哲学思想在教育中的运用

埃尔弗雷德·诺斯·怀特海是英国著名的哲学家、教育理论家，所创立的新哲学引起了西方哲学自牛顿以来三

百年间从实体哲学到过程关系哲学的革命性变革。① 怀特海以其特有的过程哲学思想来思考教育问题，相关论述集中体现在《教育的目的》一书中。怀特海认为教育的目的应是使学习者学会如何用一个普通的概念去理解发生在他周遭的事物，让学习者体验到"发现"事物之间关联性的乐趣，并提出"学习是由浪漫、精确和概括这三种特征构成的有节律的循环"。② 此即著名的学习认知三段论，是将过程哲学运用于教育理论的集中体现。

"浪漫阶段"是发现的阶段，趋向于让学习者产生内在求知渴望，开始琢磨问题、追求答案、获取新经验，③是一种学生在获得某种专业知识之前能够激发学生对其产生兴趣的教学方法。如果将教育的过程与学科的固有特性、学生认知的自由联系起来的话，"浪漫阶段"的重心必然指向"自由"。这里的"自由"包括两层意思：一是教师留给学习者的自由，它代表着解脱思维束缚，避免课堂沉闷的氛围；二是学习者自我建立的自由，它代表着主动求知和深入钻研。

"精确阶段"是思索的阶段，趋向于让学习者在认知过程中接触正确的方法和确切的真理，在深入思考的基础上完成知识的内化。这个阶段有助于学生获取知识，增强其思维的逻辑性，即"纪律"。怀特海举例说，要写诗就必须学习诗歌的格律，要建桥就必须懂材料的强度。在

---

① 杨富斌：《论怀特海的过程哲学观》，《求是学刊》2013年第5期，第23页。
② [英]怀特海著，徐汝舟译：《教育的目的》，生活·读书·新知三联书店2002年版，第1—4页。
③ [美]菲利浦·罗斯著，李超杰译：《怀特海》，中华书局2002年版，第5页。

"精确阶段",要让学生逐步接受一种特定的分析事实的方法,即科学原理。①

"概括阶段"是综合运用阶段,是经历了"浪漫阶段"和"精确阶段"后"对事物的明确认识,态度的习得,对普遍性的法则、规律及公理和范例的清晰理解",即学生在习得知识后将知识融会贯通,并能运用到实践之中。②

怀特海认为自由和纪律贯穿于教育的三个阶段。两者以自由为重点和终极目标,但又以纪律为必要辅助。在第一个和第三个阶段,自由占主要地位;在第二个阶段,纪律更重要,因为它是获得理性知识的关键因素。在怀特海看来,以上这三个阶段环环相扣、顺次相接,适用于所有学科的学习过程,只是由于不同学科的特征不一,三者的地位也有所不同。例如在理工类高校的教学活动中,大多呈现出重纪律轻自由,重"精确阶段""概括阶段"、轻"浪漫阶段"的特征,教师更多的是注重对专业理论的讲解,选择性地将"精确阶段"贯穿于课堂之中,此外,也常常以考试、实验等方式提高"概括阶段"的重要性,而对于激发学生创造思维和学习兴趣的"浪漫阶段"则关注较少。

外交外事礼仪课程不同于管理类专业学习,其教学的特殊性在于对理论的掌握与运用需要以学习者的感悟能力

---

① 温慧卿、姜丽:《浅论怀特海教育节奏理论在高职法律事务专业民法教学中的运用》,《科教导刊(中旬刊)》2012年第22期,第108页。
② 王瑾、王纯超、林琳:《怀特海学习三阶段理论对高中区域地理地图教学的启示》,《甘肃教育》2022年第22期,第61—64页。

为支撑,在教学过程的每个阶段都强调激发学习者的兴趣与主动探索意识,强调自由与纪律有机结合。怀特海认为"兴趣是专注和领悟的先决条件"①。如果没有兴趣,学习者很难感受到"自主学习的乐趣",很难主动去配合教师的授课安排,也无法将理论研究与实践应用相结合。正因为如此,怀特海十分注重旨在培养学生兴趣的"浪漫阶段",其核心目的是开启学生对专业想象与创造思维的能力。因此,传统教学轻"浪漫阶段"而重"精确阶段"的做法早已不适合外交外事礼仪课程的教学实践,纵观当今高校国际事务与国际关系专业的教学实践,借助怀特海的教育思想可以清晰窥见其中的弊端和症结所在,进而看到涉外人才培养的改革方向。

二、教育阶段理论运用于外交外事礼仪课程教学的可行性

随着教育教学改革的不断深入,素质教育、通识教育等理念逐渐成为高校人才培养的指导方针,外交外事礼仪课程教学也被赋予了提升国际事务与国际关系专业学生综合素质的重要使命。在此情况下,外交外事礼仪课程凭借其学生基础,成为各高校国际政治、国际关系、外交学专业炙手可热的科目,但仍存在不少问题,由于教育阶段理

---

① 王晶一:《怀特海的三阶段论在普通高校声乐公选课教学中的探讨》,《黄河之声》2013年第2期,第20页。

论的相关理念能有效应对这些问题，有助于提升外交外事礼仪课程的教学效果，因此将其融入到该课程的教学改革是可行的。

（一）外交外事礼仪课程教学的三大困惑

外交外事礼仪课程教学的困惑主要来自三个方面：一是教学时间有限；二是教学要求过高；三是教学对象的专业性差异。

教学时间不足会直接影响到外交外事礼仪课程的教学效果。外交外事礼仪课程是国际事务与国际关系、酒店管理、旅游管理、行政管理等涉外专业的专选课，同时也是面向本科生与研究生的通识课，和国际事务与国际关系专业培养"国际化"应用型人才的办学理念相契合，在教学计划中占有重要地位。[①] 然而与管理类课程的教学规划相比，外交外事礼仪课程仍存在课时量不足的问题，通常仅为一学期34课时，这使得教师很难达到外交外事礼仪课程教学所需要的精、深、广的要求。

教学要求过高增大了外交外事礼仪课程的教学难度。由于外事礼仪是涉外人才的基础性素养，也是对口支持高端外事人才培养的素质型课程，因此外交外事礼仪课程的教学目标并不低于外事类高校对外事人才的教学要求，甚至还更高——因为国际事务与国际关系专业的涉外礼仪教

---

① 王舜良编著：《高级旅游涉外礼仪》，湖南科学技术出版社2005年版，第24页。

学，要求培养学生具备解决涉外事务实践问题的能力。这需要学生既要掌握扎实的外事管理知识，又要形成跨文化交流的思维理念，同时还要具有解决涉外纠纷的技能。由于人才培养目标过高，导致外交外事礼仪的课程设计必须将各国国情概况、当前国际政治形势、国际礼仪通则等内容融入其中，导致教师很难在有限的课时内将其系统地传授给学生。

教学对象的专业差异影响了外交外事礼仪课程的教学效果。外交外事礼仪课程的教学对象存在学科上的差异性，往往面临着众口难调的困境。传统的外交外事礼仪课程教学多是小班授课，但随着选课人数的激增，特别是教育对象的专业背景日趋多元化，迫使教师不得不放弃传统的授课方式，而尽可能基于学生学识结构的共同点进行教学，采取"就低不就高"的教学方针，这不仅使得教师力不从心，更容易导致教学效果滑坡，教学内容难以深化。

基于以上几点教学实践中的困境，外交外事礼仪课程要求教师的教学既要深入浅出，使学生掌握外事交往的精髓，同时又要在课时量和教学对象特点的限制下保证教学质量不滑坡，这对于教师来说无疑是巨大的挑战，也是外事类高校素质型课程教学改革的难点之一。因此，要实现外交外事礼仪课程"专业+语言+素质"的培养目标，就势必要打破传统的教学模式，寻求一条适合该门课程的教改思路。

（二）教育阶段理论运用于外交外事礼仪课程的可行性

众所周知，对于外事礼仪的学习既是一个循序渐进的过程，又是一个理论与实践高度结合的过程。这种特殊性与外语类高校教学的专业性、实用性风格显得格格不入。这样就给讲授外交外事礼仪课程的教师提出了教改要求。幸运的是，怀特海的过程哲学打破了这个教改瓶颈，其教育阶段理论的内涵与外语类高校外交外事礼仪课程的教学目标具有高度的契合性，这使得该理论运用于外交外事礼仪课程教学实践成为可能。主要原因如下：第一，教育理念一致。怀特海认为，教育是对知识使用艺术的掌握，这就要求学习者从生活中来，通过教学训练再回到实践中去。[①] 这与外交外事礼仪课程的教学设计不谋而合——礼仪调整平等主体之间的互动认知与尊重关系的建构，并推动跨文化人际交流的顺利发展，正是"来自生活，用于生活"的知识，为适用教育阶段理论提供了前提。第二，教育对象的认知性质相似。怀特海的"教学对象"是儿童，外交外事礼仪课程的教学对象是外语类高校的本科生，二者共同之处在于思维过程的相似性。对于初步接触外事礼仪教学过程的本科生来说，出于学缘结构的共同性与思维惯性等因素，其对陌生学科的认知能力

---

① A. N. Whitehead, The Organisation of Thought: Educational and Scientific, London: Williams and Norgate, 1917, p. 6.

总体优于儿童对于抽象知识的认知，这为外交外事礼仪课程教学适用"教育阶段理论"提供了先验基础。第三，教育内容契合度高。外交外事礼仪课程的教学内容由理念、规范、实践三大要素构成。虽然外交外事礼仪是一门实践性很强的课程，但其教学效果需要学生运用严谨的思维方式来获得对涉外交往规范的内化认知。此外，由于外事礼仪具有不同于日常礼仪规范的特性，使得学习者必须借助形象思维重新构建对礼仪的认知构架，从大量的外事案例中总结出指导性规范，以支撑外事实践所需，这恰好符合怀特海所倡导的"浪漫—精确—概括"。因此，将怀特海教育阶段理论应用于外交外事礼仪课程的教学改革极具可行性。

三、体验式五步教学法的理念内涵与构架设计

怀特海教育阶段理论要求教师在教学中应当根据学生认知过程中的"浪漫—精确—概括"规律分别在"自由—纪律—自由"阶段中适用情景模拟、讲授教学和研讨式教学等教学模式。在外交外事礼仪课程的教学实践中，教师围绕怀特海教育阶段理论的核心理念，精心设计不同板块的教学内容，通过更富有针对性、个性化的体验式环节来让学生主动参与，极大优化了教学效果，这一做法在经过理论提炼后得到了一种全新的教学模式——体验式教学法。体验式教学法将讲授教学、情景体验与讨论交流有机地结合在一起，并贯穿于教学的全过程，其设计思路来源于郭

汉民教授提出的研讨式教学法。① 由于体验式教学模式的结构框架和活动程序分为前后衔接的五个步骤，故此又被称为"体验式五步教学法"。

第一步，教师创设情境并指导选题。情境的创设与学生主动参与外事礼仪技能的体验密切相关。② 教师在让学生经历体验之前，往往需先对学习礼仪技能的目标、背景做简单介绍，对需要介入的教学媒介、手段、元素等进行布置，引入或创设与教学内容相适应的具体场景或氛围，激发学生的情感体验，以求最大限度地调动学生学习的积极性和主动性。③ 因此，教师在开课前的三周内需简要梳理出外交外事礼仪课程的内在逻辑与重点难点，让学生基本掌握课程脉络。在此基础上，教师再列举出若干有价值的研究问题并创设认知情境，指导学生分别选择一个进行体验式研讨。按照选设情境的类别划分若干小组，告知学生查找资料的途径和练习方法，要求学生在三周左右的时间内完成对预设选题的资料搜集。在此过程中，教师选取一两个具体问题进行操作演示，进一步传授学生学习礼仪技能的方法。

第二步，学生独立探索并参与体验。这是训练学生发挥主观能动性独立进行探索学习的过程。在体验式教学模式下，学生是主角，学习情绪高涨，课堂氛围活跃。但

---

① 郭汉民：《历史课程研讨式五步教学法》，《中国大学教学》2006年第3期，第34页。
② 刘焱：《酒店礼仪的教学改革探索与实践：CDE体验式教学模式》，《重庆第二师范学院学报》2013年第3期，第139页。
③ 黄铮：《关于高校礼仪教学的几点思考》，《河池学院学报》2009年增刊第2期，第82页。

是，体验环节的关键在于教师如何对整个过程进行组织和把控，以保证学生能学有所获，而不是停留于课堂热闹、课后遗忘或者教学割裂等肤浅表象。所以教师课前一定要做精心设计，要对时间、人员、物资等教学元素的介入进行预先构想，对可能出现的意外问题早做防范，并在现场教学中注意时间的合理分配。学生按教师传授的方法去查找外事礼仪相关文献、阅读相关资料，在独立思考后进行有机整合，勾勒出课题研究的框架思路，并完成对资料谱系的整理工作，然后将体验经历与课题研究联系起来，完成3000字的体验报告。

第三步，小组交流。在个人独立探索，各自完成论文的基础上，教师按选题类别将学生分为若干研讨小组，各研讨小组成员将自身独立探索的知识和体验心得以讲课评课的方式进行交流，并依靠集体智慧解决难题。教师在各组巡视，指导并参与各组的学习讨论，然后全班进行小组与小组之间的交流，再进行全班交流，使教学由点到面，使每位组员都在体验分享的过程中得到提高，最后每个小组推选若干名优秀者参加大班讲评。

第四步，大班讲评，教师进行引领点拨。在若干周内，由各小组推选的学生在全班登台讲述学习体验。全体师生一起听课评课并进行提问，讲述完毕后报告人还需进行答辩。由于学生的参与体验不尽相同，因此在学生完成学习体验之后，教师应适当地引领学生相互交流并做阶段性点评和小结。此外，教师应该引导学生注意迁移技能、拓展思维，从对基础技能的掌握到真正懂得礼仪的核心内涵，从而升华职业素质。

第五步，提升学生的感悟。大班讲评结束后，教师再次强调学生是体验式学习的主角，尊重学生的认知提炼，让学生深化对礼仪技能的认识，通过礼仪宣讲、谈论领悟的方式提高体验式教学的实施效率。鼓励学生撰写课后感言，对体验式教学改革的利弊得失进行评论，题目自拟，评论开放自由。这样做的目的在于听取学生意见，改进教学方法，同时让学生进行自评与互评，有助于引导学生完善自我认知，提高对外交外事礼仪课程的评价能力，同时也有助于树立学生的创新意识，对他们将来走上外事工作岗位有所裨益。

上述五个步骤相互联系，环环相扣，是一个内在逻辑联系颇为紧密的整体。第一步充分发挥教师的主导作用，旨在让学生了解外事礼仪的知识体系，把握课程的脉络，以此为基础，提出问题、落实任务，授之以渔，通过激发学生的兴趣为整个教学过程做好思想、知识储备和方法上的准备，逐渐培养学生的学习主动性。第二步是学生在任务指导下的自学阶段。重在培养他们自觉汲取专业知识、培养资料收集与梳理能力、创新思维能力和言语表达能力。学生在该阶段内撰写的体验感悟报告则为下一步小组讨论奠定了学术基础。第三步是师生之间、生生之间切磋学问，开展思维风暴。在课堂互动模式上，大胆尝试将传统的"主—客"关系改造为"主—主"关系，[①] 重在培养学生逻辑思考、团队精神与合作互助的意识。第四步是实

[①] 陈钧：《一个可资借鉴的成功教学模式——〈群言〉序》，《湖南师范大学社会科学学报》1999年第6期，第33页。

践阶段，旨在培养学生的逻辑表达能力和沉着冷静的心理素质。第五步是总结提升，汇集个人认知的合理成分，并将其提升到改革大学教学方式的理性高度。[①]

总而言之，体验式五步教学法是一种反对灌输式教学、重视传授学习方法、指导学生自主探索的人本主义教学法，允许学生发表关于教研实践的独立见解，注重培养学生的求异思维与研究意识，[②] 有助于实现和谐教育的目标。尽管体验式五步教学法针对外事礼仪课程中不同教学内容采用个性化的教学手段，但教学方法的变革不能与外事礼仪教育的科学性相冲突。因此，体验式教学仍需结合学情，遵循基本的教学规律，把握好核心教学步骤，以取得良好的教学效果。

四、体验式五步教学法在外交外事礼仪课程中的实施步骤

体验式五步教学法以其活泼、新颖、实用的特点，将外事礼仪知识内化于学习者。任何一种讲授的教学方式都无法替代个体自身的体验，只有亲身体验过的知识，才能融化为生命的一部分。因此，只有让学生获得多种体验经历，才能保证在获得职业知识及技能的前提下，真正构建

---

① 夏新华、贺鉴：《研讨式教学法在省级精品课程〈外国法制史〉教学中的应用》，《当代教育理论与实践》2009年第2期，第42页。

② 李年终：《研讨式教学研究评述》，《南华大学学报（社会科学版）》2001年第1期，第69页。

起外事管理的综合素质。同时体验式教学还可依据教师创设情境—学生参与体验—教师引领点拨—学生感悟提炼等教学步骤提高实施效率。以下是体验式五步教学法在外交外事礼仪课程教学中的具体实施步骤。

第一，塑形式体验。塑形式体验是在外事礼仪课程教学改革过程中颇具创新意义的一种教学方法，重点解决外交外事礼仪课程教学中的举止规范问题。在外交外事礼仪课程教学中，外事人员的举止行为是实训重点，尤其集中在对一些关键位置的把控上。例如握手礼的握手位置与力度、鞠躬礼的幅度、贴面礼的轻重、引导礼的手势等，这些动态环节的分寸把握都会直接影响外宾的心理感知。因此，学生的形体礼仪是否规范，是考核体验式五步教学法是否恰到好处的关键点。[①] 在教师对学生的教导过程中，将外事礼仪的每一个举止行为看作是一个动态过程，虽然不能对每一个构成环节进行定位，但可选择关键的瞬间姿态，当涉及关键位置的讲授时，便通过要求学生在动态表现中的突然停滞，进行关键定位体验，来向学生揭示这一举止的重要性，从而规范学生的形体语言。

第二，比较式体验。比较式体验主要解决外事礼仪技能操作过程中的难点问题，例如坐姿礼仪、用餐礼仪、引导礼仪、座次礼仪等。这些难点不仅直接影响着学生的气质培养，更是教师经常钻研的细节。例如在座次礼仪上，教师往往将"以右为尊""以中为尊"作为安排座次的规

---

① 胡波：《互动式教学模式在礼仪教学中的实践探索》，《时代教育（教育教学版）》2008年第4期，第151页。

制，但涉及U型会议桌、无官职贵客时的座次安排问题时，则难以有针对性地讲授，再加上国际礼仪在不同国家的适用度不同，因此常常一语带过，然而座次礼仪的难点就在这里。所以教师在讲解此难点时应使用对比体验法，让学生能体会到遵循座次礼仪带来的"被尊重感"，激发他们灵活准确运用礼仪规范的主观认同，最终通过设计不同的实践场景并进行模拟体验，以积累正确的外事实践经验。[①]

第三，表演式体验。表演式体验主要解决学生对外事礼仪基础理论的理解问题。虽然基本技能的实训是外事礼仪教学中的重点，但学生也必须着重理解一些基础理论。例如外事交流"五不谈"、私人问题"四不问"、涉外点餐的"三优四忌"、外事馈赠"五不送"等，如果依靠传统的讲授式教学，不仅增大了学生强行记忆的学业负担，还有可能被快速遗忘，难以应用到日后的实践中。在表演式体验过程中，教师让学生扮演某种特定外事交往情境下的角色，营造出让学习者主动参与的学习环境，使其在身临其境中辨析外事理论的指导价值，启迪礼仪思维，但角色的设计必须是妥贴且容易让学生带入的。[②] 例如在空间距离教学中，可以让一男生和一女生分别扮演中方接待人员及外宾，在二者在情境模拟过程中，通过让男生对女外宾采用不同的距离（从3米逐渐缩短到0.5米）进行交谈或

---

① 鲍日新：《论"立体式"教学法在礼仪教学中的作用》，《河北师范大学学报（教育科学版）》2009年第10期，第138页。
② 王文丽：《情景模拟教学法在商务礼仪教学中的应用》，《职业时空》2011年第10期，第66页。

是引导，来体验女外宾从舒适到嫌恶的感受变化，并将这种感受变化告知观看的同学以引发体验共鸣。在模拟过程中，教师引导学生思考人与人之间的不同距离所暗含的亲疏远近，深入浅出地揭示出距离的内涵，使学生从见微知著中体验豁然开朗的感觉，无形中加深了对数字、概念的记忆，加深了对课程内容的印象。

第四，实物式体验。实物式体验主要解决外事礼仪的技巧问题。由于外事礼仪的技巧要求十分复杂，且多与实务相关，如涉外餐饮礼仪、舞会礼仪、化妆技巧、着装技巧等，只有在教学中引入物品、教具、实景等教学媒介，增强学生感官体验，才能满足外事工作中的技巧要求。通常而言，实物式体验可分为三个步骤：一是实物展示教学。例如在讲授西餐礼仪时，教师应准备餐叉、餐刀、餐勺、红酒杯等。二是实物自备教学。这类教学设计与教学任务相配合，要求学生自备相关实物，如在教授仪态礼仪时，学生应自备套装与皮鞋，在学习化妆技巧时，学生应自备化妆品。通过这种预先准备的环节，激发学生对课程内容的期望。三是实物共享教学，这主要指让学生共同在外事实景中体验学习。如涉及外事政务礼仪、外事接待礼仪、外事交际等内容时，最好能带领学生参加外交部、中联部、北京市外办开放日，学校接待外宾等外事活动，增强学生对课程内容的直观感受。同时，也可以邀请外国友人或外国驻华大使参与相关教学环节，由他们讲授外事礼仪中的注意事项与相关案例。

综述而言，外交外事礼仪课程内容庞杂，不好把握，其教学模式的转型关键在于让苦学变为乐学、勤学。怀特海曾说，教育的目的是造就那些既有文化修养又在某个特殊方面具有专业知识的人才。"如果教师在满足学生有节奏的渴望方面恰到好处地起到了激励作用，他们一定会不断地为某种成就而欣喜，并不断地重新开始。"① 实践证明，将怀特海教育阶段理论运用到外交外事礼仪课程教学之中，不仅可行而且成效显著，这种有益的尝试将逐步培养学生的外事管理能力、思考分析能力、口头表达能力以及团队合作能力，从而为大学教学改革提供新的思路。

---

① A. N. Whitehead, The Rhythm of Education: An Address Delivered to the Training College Association, London: Christophers, 1922, p. 13.

国际关系专业线上考试问题与对策[*]

线上考试在近些年变成了高校应对特殊情况的重要手段。这种考试方式得到商业营销机构的加持，很大程度上脱离了本来预想的目标。很多商业机构为了特定的利益，将线上考试的优点进行了夸大性宣传，脱离了实事求是的思想基础。线上考试的优点是毋庸置疑的：在很多语言类、计算机类的考试中，例如雅思机考、机动车驾驶证的机考中，都形成了一套极为成熟的做法，而且得到了社会的普遍认可，可以说摸索到了成功的路径，获得了广泛的经济社会效益。成熟的线上考试，一定要具备二个特征：第一，本身的内容和特点适合进行线上考试；第二，经过长期摸索形成了一套成熟可行的方法。但对某门课程是否适合以及多久算"长期"，实际上也是存在争议的。之所以选择国际关系专业，是因为笔者长期从事国际事务与国际关系、外交学、国际政治专业（简称国际关系专业）教学和研究，具有独特的观察优势，因此本文尝试对国际关

---

[*] 本文作者：徐亮，北京第二外国语学院政党外交学院副教授。本文是北京高等教育本科教学改革创新项目"北京国际交往中心建设背景下国际事务与国际关系专业核心课程教学改革研究"阶段性成果。

系专业线上考试的问题与对策进行初步的探讨。

一、问题陈述

本文观察和概括的问题具有某种共同点。这些共同点归纳起来主要有：

第一，考试准备阶段。大部分考试，会被教学管理方要求使用双机位。但这个要求时常受到网速和视频会议人数限制的影响。这一困局不仅来自网络供应商，还来自软件开发商。例如预约某平台虚拟会议室一次最多只能打开60名学生的摄像头，这一点导致了超过60人的班级只能申请多个虚拟会议室。由于监考教师一般只拥有1—2部手机或1—2个手机号，只能开设和打开1—2个账号，这对监考教师造成了巨大的困扰。如果一些师生处于疫情隔离期，不仅外借数码产品多有不便，申请多个手机号也非常不便。对学生而言，有时学生无法进入教师所预约的视频会议，并且找不到原因；在考试准备阶段，有的学生由于经济困难或者在疫情隔离期间无法出去购物、收发快递，导致只能使用一个摄像头作为机位。这些问题都是考试准备中经常遇到的，在留学生身上尤其突出。

第二，宣读考场规则阶段。在多数情况下，学校的考场规则都是通行的，还是按照线下考试的方式拟定的。在这种情况下，很多考场规则显然不合理，比如要求学生把学生证放在学习桌的左上角以便监考教师查阅。显然教师很难要求学生一一在镜头下出示证件（除了严重影响考试时间进度外，还无法保证摄像头的清晰度），教师也不可能到学生分散在各地的家庭或学习场所检查证件，所以这条规定形同虚设。在宣读考场规则的时候，教师用尽力气，但学生的网络信号千差万别，很多学生反映无法完整听清或者断断续续地听到。这一点尤其对身处国外的留学生是个莫大的挑战。

第三，试卷分发环节。在这个环节，由于是借助于不同平台发放，会面临审查机制的误伤。例如经常发生PDF格式试卷或Word文档发到群里，但群里同学却无法看到的情况，这个时候需要教师反复询问学生是否可以打开文档，使得更多学生接触手机，并借此机会通过手机查找答案。此外，由于迟到半个小时以内可以进考场的传统规定仍然生效，有的同学借助于正点发出的试卷，对答案进行简单查阅以后再以迟到的形式进入网络考场，客观上增加了作弊的机率。

第四，考试进行阶段。本阶段一般会安排3—4名监考教师，在学生数量较少的时候，教师很容易发现学生的问题；但人数超过100人时，教师很难通过肉眼清晰看到学生的小动作。由于很多学生的家庭环境和条件原因，个人考试地点或桌面处于不同的光照条件下：有的光线很亮导致双机位看到的是一片白色炫影，学生在教师的反复督促下也很难调整出良好的效果；有的光线极度昏暗，别说对室内环境进行清晰监督，甚至连学生的面部识别都存在较大的障碍。再加上网络时常不稳定，在考试过程中，摄像头画面停滞不动或者突然丢失的情况经常出现。在这个过程中，教师需要高频次提醒学生。

由于教师的声音在软件上也是共享的，在很大程度上干扰了其他学生的答题。

第五，收取试卷阶段。在本阶段出现的问题相当严重。由于学生是陆陆续续交卷，在初期交卷人数较少时，教师还能逐个打开学生发来的邮件附件进行核查；但当学生交卷人数达到一个高峰阶段，例如一分钟内电子邮箱涌入40—80份电子试卷的情况下，教师完全无法逐个打开核对，甚至连确认查收邮件都难（比如某学生交卷后会在群内询问教师是否收到，但教师很难第一时间确认）。交卷一般是参试学生直接发到主监考（该课程任课教师）的个人邮箱中，因此这个工作往往很难由副监考替代。加上一次涌入大量的邮件，而且不是按照学号或者点名号有序发送，造成教师逐个核对存在极大困难的情况。在100人以上的考试中，教师往往需要30分钟以上才能核对完交卷学生的电子邮件是否发送、是否以Word文档或者PDF格式发送、发送的试卷是否齐全完整等一系列事情。显然，利用考试结束后5—10分钟时间来逐个审核学生电子版试卷再让他们离开网络考场，在操作层面很难实现。

第六，批阅试卷阶段。学生通过手机或照相机拍摄后发送的电子版试卷，一方面不是标准答题纸，纸张尺寸或型号不统一；另一方面，卷面大部分灰暗不清晰，打印出来模糊不清无法识别。这一点在技术上一般需要很专业的人员进行处理。由于图片格式一般占据硬盘空间较大，而邮件提供商对较大或超大附件的保存时限还有一定要求，这就迫使教师不得不及时下载打印答卷。即便是学生发送的Word格式答卷在学生电脑上能显示完整，也不排除出现该试卷在阅卷教师电脑上不同 Office 版本显示不全的情况。

二、原因探析

通过以上分析可以看出，网络在给考试提供便利，管理者试图维持考试原有形式的同时，考试的权威性和严密性却遇到了巨大的挑战，教师对此缺乏准备，认为单凭技术就能解决所有问题。概括下来，主要有以下的原因：

第一，技术自身的局限。在企业（公司）寻找利润的过程中，它们往往夸大网络技术的作用，而忽视高等教育相关专业领域的特殊性。例如对于国际关系专业考试这种课程多样化、学生多元化的问题，现有网络技术很难提供一个专项的对策。主要是由于开发专项软件的应用面很狭窄，但开发成本很高，并且大量考试软件的后期维护和运转成本超过原有的预算。在很多情况下，人力是计算机无法取代的。即便是严密的雅思考试，考官和监考人员的作用也是无法被网络取代的。

第二，人机矛盾。在线上考试环节中，教师和学生是使用者，网络是平台，但人类精力的有限性和机器复杂计算能力的高效率，使得两者形成了一个巨大的能力—效率差。教师无法像计算机一样快速扫描每个学生的状态，只能以人类的速度进行工作。理论上可以使用网络机器人进行监控，但对于高校有限的预算来说，在实践中却是难以实现的。从人类自身角度来说，人类有限的精力和电脑无限的计算能力之间难以达到良性契合，存在着巨大鸿沟。

第三，管理的滞后。主要体现在相关的规定没及时更新，因而无法适应线上考试的需要。对管理者、教师、学生来说，共同的认知是："线上考试是临时的"，是在特殊情况下不得已的选择；但凡有可能和条件，高校管理者就会恢复线下考试。这也是在各种文件中"准备""备选"一类带有不得已心态词语反复出现的原因。这种心态使得对线上考试的各种规章制度、操作流程都仅仅带有微调的性质，而没有完全按照线上考试的内在需求进行整体性的规划。

三、对策分析

综上所述，总结过去三年线上考试的经验和教训，还是非常必要的。由于历史存在着某种复现的概率，特别是学术研究更需要为后世可能遇到的情况提前做预备，这使得对策分析仍然极为必要。此外，在残存的一些辅双选课程领域、备选情况以及特殊的留学生线上学习需求之内，线上考试仍然存在着发挥作用的空间。本文尝试在初步探索的基础上，提出一些改进的建议。

第一，加强对日常成绩的管理，避免将总评成绩权重过于放在期末考试上。2022年起，二外规定学生日常管理成绩要占据50%以上。这一变革无疑是非常重要的，它改变了线上考试的尴尬状况，也使得教师对学生的评价更加综合和全面。在这个要求和趋势下，申险峰副教授与笔者大胆对所带的贯培生进行了培养改革。我校承担的北京市贯通培养计划项目，主要为2016级和2017级学生，合计105人，这些学生分为三个班，其中2016级为毕业班（1个班），2017级为2个班。他们的共同特点是国际关系基础知识薄弱，但由于在北京政法职业技术学院有着5年的法学基础，因此法学的基础尚可。国际法概论课程作为他们的必修课，没有其他院系或者辅双选学生，只有"国关211"和"外交211"两个优秀的统招本科生班作为比较。笔者采取了以下措施减少对期末线上考试的过度依赖，确保这批贯培生的培养质量：（1）高度重视学生的笔记。对学生的笔记进行月检，确保学生对知识进行了梳理。这种做法使学生对知识点做到起码的梳理和了解。（2）开创了面考的新考核形式。3个班的班委组成了面考小组，3名考官根据面考情况综合打分，然后采纳平均分的方式，不仅保证一定的公平性，也极大促进了学生对知识点的掌握。抽考的内容都是教师上课的讲授演示文稿（简称PPT）和教材重点内容。事实证明，通过这种方式有效督促了贯培生认真听课和复习。（3）对学生进行了10次作业布置和1次摸底考试的设置，使学生在课后进行查缺补漏的工作，也使得教师对学生的知识掌握程度有清晰的把握。（4）对学生进行点名、考勤等各种方式的日常管理，从而较好地把握学生的课堂考勤，以此尽可能地加强对学生的纪律要求。（5）在考试成绩设置方面，50%设置为期末考试成绩、30%设置为面考成绩、20%设置为日常表现（提问、作业、考勤等综合），从而体现了评价学生的科学性。国际法概论课程的期末考试，由于疫情的影响造成了线下上课、线上考试的局面。由于笔者对贯培生前期要求高，使得他们对知识掌握情况良好，成绩普遍优秀。这些经验充分说明，只要高校教师认真对待学生，并强化学习的管理，即使是基础薄弱的学生，也能取得优异成绩。

第二，在精力有限的基础上对线上考试重新规划设计。在考试设计中，教师需要整体设计，多方面入手，多个层面齐抓共管。主要包括有：（1）修订考场规则，专门为线上考试制定专门考场规则和须知，使得考试整体吻合现实需要。例如为了避免学生利用规则允许的半个小时迟到时间作弊，教务部门可以进行趋严的规则改革，使学生无机可乘。（2）增加相应的监考人员数量。如在雅思考试中，每个学生实际对应一个考官，使得考试通场充满权威性。在线上考试过程中，高校很难参照雅思机考的做法，但可以分类施策。例如对于30人规模的考场，可以设置3名考官；但对于100人规模的考场，可以设置多个分考场，酌情增加9—12名考官。在这个过程，由于是线上考试，可以发挥研究生或高年级学生作为辅助监考的补充作用，以避免人力陷阱。（3）设置更灵活的收卷形式。在国际关系专业考试过程中，线上考试学生所发的文档，以PDF格式最优。在这个过程中，为避免主监考审核大量邮件的窘迫，可以设置3个邮箱，不同教学班学生发送至不同的邮箱，由不同的监考教师审阅，充分发挥副监考的作用。（4）可采取一些灵活的措施来规避问题。在线上考试过程中，容易遇到留学生在不同的国家出现网络关口不顺畅等问题，这个时候可以启用B卷或者C、D卷等方式，商约双方都合适的时间段进行单独考试。当然，这一点需要教务部门做出相应的规定，赋予教师一定的权限。

第三，建立在商业机构利润和成本基础上的对策补充。由于线上考试一般是借助于网络技术公司开发的软件，原有的容量和服务政策实际上存在一定的提升空间。归纳有以下几条：（1）会员制。可以对网络技术公司开发的软件进行收费 VIP 会员的升级换代，高校管理部门予以报销。通过技术升级，视频会议的规模可以增大以满足线上考试需要。（2）技术性处理。对于有些学生的试卷无法显示完整的问题，可以借助一些第三方软件来进行复原，从而达到帮助学生纠正技术性失误的目的。（3）按需设计，对通行软件的特殊客户需求进行一定的修正和弥补。当然这方面需要高校教学管理部门加大资金投入，需要提前列入预算，客观上存在着一定的困难。

总之，从国际关系专业的线上考试经验来看，线上考试给考试的权威性和严密性带来了莫大的挑战，是对传统考试规则和形式的巨大考验。尽管从事实上讲，高校采取线上考试是权宜之计，但对于某一代大学生来说又是唯一的现实选择。因此线上考试存在的问题足以引起教师的重视，也希望其中的教训和经验，能够被后来者所吸取和避免。当然，随着技术的不断更新进步、规则的不断改善，线上考试的权威性和严密性会得到逐渐强化，甚至在未来不输线下考试都是极为可能的。对这一点，是要充满希望和期待的。

大学生在深度数字化教学中的学业倦怠研究[*]

一、问题的提出

在后疫情时期，中国大学生心理健康问题不容乐观，其中，学业倦怠成为一个关注焦点。中国网络上甚至出现了名为"躺平"的青年亚文化[①]，大学生用"躺平"描述了他们对学习的消极态度。研究者从封控政策、线上学习方式、睡眠质量、体育锻炼等因素寻找大学生心理失调的原因，网络成瘾、抑郁、焦虑、学业压力、就业压力被认

---

[*] 本文作者：宋文龙，北京第二外国语学院政党外交学院副教授，国际政治系主任。本研究的部分研究成果首次发表于 International Journal of Environmental Research and Public Health 期刊2022年10月的第19卷第20期。本文更新了大部分图表和数据，并调整了部分论述。本文的撰写和发表征得了作者们授权和出版社允许。本文是北京高等教育本科教学改革创新项目"北京国际交往中心建设背景下国际事务与国际关系专业核心课程教学改革研究"阶段性成果。

[①] Bandurski D., "The 'Lying Flat' Movement Standing in the Way of China's Innovation Drive", Brookings, 2021, https：//www.brookings.edu/techstream/the－lying－flat－movement－standing－in－the－way－of－chinas－innovation－drive/.

为是影响其心理健康的主要因素。① 而疫情以来的网络数字化教学因素被严重地忽视了——学习是学生的主要任务，占据了他们最多的非睡眠时间，在这其中造成的心理压力应该被重视和研究。

（一）疫情后中国的数字化教学

今天的大学生和以往不同，他们经历了新冠疫情期间居家隔离时学习环境的突然转换，不得不在家中通过电子设备上直播课程。在非学校环境中的数字教学技术改变了大学生的"学习方式、优势和偏好"，重塑了大学生在课堂内外获取信息、交流和学习的方式。② 在疫情逐渐被控制后，除了高风险地区的学生外，大部分学生得以返校，中国高校进入数字化教学"新常态"，在线网络教学并未完全被取消，而是采用"线上＋线下"相结合的教学方式，以保证无论是教室里还是被隔离在家的学生都能正常上课。

中国的数字化教学并非从新冠疫情才开始，而是在更早的20年前，那时中国接入全球互联网还不到十年的时间。数字多媒体和互联网教学技术深刻改变了传统的大学

---

① Cao S., Zhou Y., Chen H., "Research on Psychological Epidemic Prevention Mechanism of College Students under the Background of Epidemic Normalization", Contemporary Education, 2022, 4, pp. 1–10.
② Dede C., "Reinventing the Role of Information and Communications Technologies in Education", In Smolin L., Lawless K., Burbules N. C., edited, Information and Communication Technologies: Considerations of Current Practice for Teachers and Teacher Educators, Malden, Blackwell, 2007, pp. 11–38.

课堂，各种电子设备成为师生教学互动的工具，这种基于计算机应用的多媒体课堂教学对传统的黑板板书形成了冲击。

中国大学的数字化教学经历了三个阶段：第一阶段（2000—2010年）是数字学习，重点是将教育资源接入互联网，将多媒体技术引进传统课堂，逐步建立网络MOOC等教育资源共享平台。从网络建设、设置数字化学习终端、提供学习支持系统、信息安全等方面建设"数字化校园"，构建一个将各种教学和学习系统集成在一起的数字环境。[①] 高校教师配备的终端类型主要有台式电脑、笔记本电脑、平板电脑等。在中国的"211工程"高校中，95.83%的教师配备了台式电脑，91.67%的教师配备了笔记本电脑。疫情前，80%以上的高校有在线学习平台。[②] 多媒体图像和视频的使用减少了文本的压倒性本质，帮助学生管理认知负荷，从而降低了记忆难度。通过对照试验研究，学生在教室使用笔记本电脑对于教学策略的影响不大，但可以显著提升学习的效率[③]。

第二阶段（2011—2019年）是移动学习，建立将PPT、MOOC、移动终端融为一体的智能教学工具，增加学

[①] Huang R., Zhang J., Hu Y. & Yang J., "Smart Campus: The Developing Trends of Digital Campus", Open Education Research, 2012, Vol. 18, No. 4, pp. 12 - 17.

[②] Liu D., Huang R., Wosinski M., "Smart Learning in Digital Campus", In: Smart Learning in Smart Cities, Lecture Notes in Educational Technology, Springer, 2017, pp. 51 - 90.

[③] Lowther D. L., Ross S. M., Morrison G. M., "When Each One Has One: The Influences on Teaching Strategies and Student Achievement of Using Laptops in the Classroom", Educational Technology Research and Development, 2003, Vol. 51, No. 1, pp. 23 - 44.

生非正式学习的机会。MOOC、线上直播和线下面对面课程深度融合,将学生融于深度数字化的教育环境中。① 这种浸入式的数字课堂使学生更频繁地利用互联网进行学习,例如使用文字处理器写作业、创建 PPT 进行小组展示、通过电子邮件与同学和老师进行交流学习等。

2020 年新冠疫情大流行加速了教学数字化的进程,推动中国的数字化教学进入第三阶段——"智慧学习"。随着中国教育部推出的《教育信息化 2.0 行动计划》,以"智慧教室"为标志,以深度教学互动为核心,在传统教室的基础上融合大数据、物联网、人工智能等技术,推动了从数字化学习环境向智慧学习环境的转变。② 当前大学生的学习环境的很大一部分由数字技术主导,包括以技术为媒介的学习机会。③ 这个时期,人们探索出一种基于移动互联网技术的数字媒体混合教学模式,该模型由前端分析、在线自主学习、离线教学和课后在线评价四部分组成。④ 根据中国互联网信息中心数据,在疫情期间"居家学习"的带动下,中国在线教育用户规模从 2019

---

① Kelly S., Daniel S., Catherine M., "Fanny C. W., Effects of Technology Immersion on Middle School Students' Learning Opportunities and Achievement", The Journal of Educational Research, 2011, Vol. 104, No. 5, pp. 299 – 315.

② Peng C., Shi Y., Yang H., "Research on the Relationship Between Environmental Perception and Internet Self – efficacy Sense Under the Smart Classroom Environment", Modern Educational Technology, 2021, Vol. 31, No. 4, pp. 51 – 57.

③ Rodríguez – Aflecht G., Jaakkola T., Pongsakdi N., Hannula – SormunenM., Brezovszky B., Lehtinen E., "The Development of Situational Interest During a Digital Mathematics Game", Journal of Computer Assisted Learning, 2018, Vol. 34, No. 1, pp. 259 – 268.

④ Ma H., Li J., "An Innovative Method for Digital Media Education Based on Mobile Internet Technology", International Journal of Emerging Technologies in Learning, 2021, Vol. 16, No. 13, pp. 68 – 81.

年6月疫情前的2.32亿人上升至2020年3月的4.23亿人（增幅高达82%），占中国整体网民的比例由27.2%上升至46.8%。随着疫情得到有效管控，以及各级学校恢复正常教学秩序，学校采取了"线上+线下"混合式教学，2020年6月以来中国在线教育用户规模有所下滑，2021年6月下降至3.25亿人，但仍远高于疫情前水平。[1]

当前的中国大学生课程体系存在过度数字化的倾向。课前，学生往往需要通过结合MOOC预习，或者阅读电子版材料。上课过程中，他们一边要听教师在讲台上的讲授，一边使用便携式笔记本电脑或平板电脑做课程笔记，还要使用手机终端与在线听课的同学进行互动，处理教师发布的即时在线问题。在课后，学生要在智慧平台上提交作业，或与同学合作完成小组作业。在线考试时，每位同学须使用正面和侧后方两个机位的摄像头监控考试过程。在多个学习系统和教务管理系统的全过程指导下，大学生的整个学习生涯被数字化了。

然而，越来越多人开始思考这样一个问题：教学的数字化越深越好吗？适度和适当的互联网使用可以视为对学习的助益[2]，但过度使用积极的东西也会导致消极的后果。过度使用互联网的人可能不会沉迷于数字世界，而会将互

---

[1] China Internet Network Information Center, "The 49th Statistical Report on China's Internet Development", February 25, 2022, http://www.cnnic.net.cn/hlwfzyj/hlwxzbg/hlwtjbg/202202/P020220721404263787858.pdf.

[2] Huang F., Teo T., Scherer R., "Investigating the Antecedents of University Students' Perceived Ease of Using the Internet for Learning", Interact. Learn. Environ, 2020, Vol. 30, No. 6, pp. 1–17, https://doi.org/10.1080/10494820.2019.1710540.

联网作为工作或生活的工具。数字技术的过度使用会破坏他们的学术生活和社会关系。[1]

大学生的屏幕时间会对其心理健康造成多大程度的影响？关于这个问题在众多文献中产生了分歧。[2] 一些学者认为，虽然年轻人在互联网上体验到的心理幸福感很低，但是目前并没有发现互联网使用与心理健康之间存在显著的相关性。[3] 有学者调查发现，互联网使用与抑郁之间的相关性较低。[4] 一项针对英国青少年网民的研究发现，适度的数字参与和幸福感无关，但非常高频的使用可能会产生一些负面关联。[5]

大学生是网瘾的易感人群。新冠疫情大流行的特殊时期可能会增加学生上网的机会，使他们更多地使用社交媒体。随着人们对疫情焦虑情绪的加深，网络成瘾的风险进一步加剧。[6] 一项荟萃分析研究发现，在新冠疫情暴发前，

---

[1] Peterka B. J., Sindermann C., Sha P., Zhou M., Montag C., "The Relationship Between Internet Use Disorder, Depression and Burnout Among Chinese and German College Students", Addictive Behaviors, 2019, Vol. 89, pp. 188–199.

[2] Orben A., PrzybylskiA. K., "The Association Between Adolescent Well-being and Digital Technology Use", Nature Human Behaviour, 2019, Vol. 3, pp. 173–182, https://doi.org/10.1038/s41562-018-0506-1.

[3] Wästlund E., Norlander T., Archer T., "Internet Blues Revisited: Replication and Extension of an Internet Paradox Study", Cyberpsychology & Behavior, 2001, Vol. 4, No. 3, pp. 385–391, https://doi.org/10.1089/109493101300210295117110264.

[4] LaRose R., Eastin M. S., Gregg J., "Reformulating the Internet Paradox: Social Cognitive Explanations of Internet Use and Depression", Journal of Online Behavior, 2001, Vol. 1, No. 2, pp. 1–29.

[5] Ferguson C. J., "Everything in Moderation: Moderate Use of Screens Unassociated with Child Behavior Problems", Psychiatr Q., 2017, Vol. 88, pp. 797–805.

[6] Parlak S. H., Başkale H., "Students' Increased Time Spent on Social Media, and Their Level of Coronavirus Anxiety During the Pandemic Predict Increased Social Media Addiction", Health Information and Libraries Journal, 2022, Vol. 10, 1111/hir.12448. https://doi.org/10.1111/hir.12448.

中国大学生网瘾疾病的患病率为11.3%,①而在新冠疫情暴发后,这一数字上升到了28.4%。②

除此之外,学生在新冠疫情中不得不面临校园封闭管理、线上学习、就业压力等新的具体问题。由于他们缺乏应对突发事件的经验和应变解决问题的能力,更加容易受到内心创伤,出现恐慌、不安、焦虑等应激反应。③除了家庭经济状况和睡眠之外,"网络教学的适应度"也是重要的影响因素。④长期的在线学习也增加了大学生产生学业倦怠的可能性。⑤

(二) 大学生学业倦怠与数字健康

学业倦怠主要有三个表现,即由于学习需求而感到精疲力尽(情绪耗竭),对自己的学习持愤世嫉俗或超然态度(人

---

① Li L., Xu D., Chai J., Wang D., Li L., Zhang L., Lu L., Ng C. H., Ungvari G. S., Mei S. L., Xiang Y. T., "Prevalence of Internet Addiction Disorder in Chinese University Students: A Comprehensive Meta - Analysis of Observational Studies", Journal of Behavioral Addictions, 2018, Vol. 7, No. 3, pp. 610 - 623, https://doi.org/10.1556/2006.7.2018.53.

② Zhu K, Xie X, Liu Q, Meng H, Song R., "Internet Addiction: Prevalence and Relationship with Academic Burnout Among Undergraduates During Widespread Online Learning", Perspect Psychiatr Care, 2022, 1 - 7, https://doi.org/10.1111/ppc.13060.

③ Turnei A. I., Smyth N., Halls J., "Psychological Stress Reactivity and Future Health and Disease Outcomes: A Systematic Review of Prospective Evidence", Psychoneuroen Docrinology, 2020, Vol. 14, pp. 78 - 81.

④ Yan C., Mao T., Li R., Wang J., Chen Y., "Mental Health and its Associated Factors in College Students During COVID - 19 Confinement in Campus", Chinese Journal of School Health, 2022, Vol. 7, pp. 1061 - 1065.

⑤ Allen H. K., Barrall A. L., Vincent K. B., "Stress and Burnout Among Graduate Students: Moderation by Sleep Duration and Quality", International Journal of Behavioral Medicine, 2021, Vol. 28, pp. 21 - 28, https://doi.org/10.1007/s12529 - 020 - 09867 - 8.

格解体），作为学生而感到无能为力[1]，难以产生满足感，对教育环境进行负面评价（低个人成就）[2]。倦怠的主要特征是疲惫（低激活）和玩世不恭（低认同）的组合，而与之相反的学业勤勉的特征是活力（高激活）和奉献（高认同）[3]。

学习动机的缺失是学业倦怠的重要表现之一。数字技术和互联网的使用与大学生的学习动机与学习成绩之间的关系一直受到研究者的关注。学习动机的自我决定理论表明，学生会根据外部资源来决定自身的学习行为，当他们的心理需求（能力、自主性和关联性）不能被满足时，学生的学习动机会降低。[4] 传统的非数字化学习方式无法满足其心理需求时，学业倦怠的学生积累不满情绪，可能会依赖互联网的舒适性并更沉迷其中。学生出现"问题性互联网使用"或者染上网瘾时，人们严重担忧数字技术对学业成绩的影响。[5] 问题性互联网使用会让人产生孤独感，

---

[1] Kim S., Kim H., Park E. H., Kim B., Lee S. M., Kim B., "Applying the Demand – Control – Support Model on Burnout in Students: A Meta – Analysis", Psychology in the Schools, 2021, Vol. 58, No. 11, pp. 2130 – 2147.

[2] Schaufeli W. B., Martínez I. M., Pinto A. M., Salanova M., Bakker A. B., "Burnout and Engagement in University Students: A Cross – National Study", Journal of Cross – Cultural Psychology, 2002, Vol. 33, No. 5, pp. 464 – 481. https://doi.org/10.1177/0022022102033005003.

[3] Schaufeli W. B., Salanova M., González – Romá V., Bakker A. B., "The Measurement of Engagement and Burnout: A Two Sample Confirmatory Factor Analytic Approach", Journal of Happiness Studies, 2002, Vol. 3, pp. 71 – 92, https://doi.org/10.1023/A:1015630930326.

[4] H. A. Davis., "Conceptualizing the Role and Influence of Student – Teacher Relationships on Children's Social and Cognitive Development", Educational Psychologist, 2003, Vol. 38, No. 4, pp. 207 – 234.

[5] Hawi N. S., Samaha M., "To Excel or Not to Excel: Strong Evidence on the Adverse Effect of Smartphone Addiction on Academic Performance", Computers & Education, 2016, Vol. 98, pp. 81 – 89.

这直接影响使用学习策略的动机[1]，也会引发其他的慢性心理疾病。

早期的一些研究显示，学生学业倦怠与未来学业成绩之间没有显著关联[2]，但更多最新的横断面研究设计并假设学业倦怠是学习成绩的影响因素[3][4]。例如，一项针对护理专业学生的调研显示，学业网络滥用与学业倦怠呈正相关，但互联网滥用与学业成绩之间存在负相关[5]。过度使用互联网或社交网络对学生的学习成绩有负面和显著的影响[6][7]，一项基于10万名学生的元分析显示，学业倦怠会

---

[1] Truzoli R., Viganò C., Galmozzi P. G., Reed P., "Problematic Internet Use and Study Motivation in Higher Education", Journal of Computer Assistant Learning, 2020, Vol. 36, pp. 480–486, https://doi.org/10.1111/jcal.12414.

[2] Salanova M., Schaufeli W. B., Martínez I., Bresó E., "How Obstacles and Facilitators Predict Academic Performance: The Mediating Role of Study Burnout and Engagement", Anxiety Stressand Coping, 2010, Vol. 23, pp. 53–70, https://doi.org/10.1080/10615800802609965.

[3] Seibert G. S., Bauer K. N., May R. W., Fincham F. D., "Emotion Regulation and Academic Underperformance: The Role of School Burnout", Learning and Individual Differences, 2017, Vol. 60, pp. 1–9, https://doi.org/10.1016/j.lindif.2017.10.001.

[4] CadimeI Pinto A. M., Lima S., Rego S., Pereira J., RibeiroI., "Well-Being and Academic Achievement in Secondary School Pupils: The Unique Effects of Burnout and Engagement", Journal of Adolescence, 2016, Vol. 53, pp. 169–179, https://doi.org/10.1016/j.adolescence.2016.10.003.

[5] Faranak J., Maryam J., Safura K., Seyyed M., Alireza K., "The Relationship of Internet Abusive Use with Academic Burnout and Academic Performance in Nursing Students", BioMed Research International, 2022, pp. 1–6, https://doi.org/10.1155/2022/2765763.

[6] Islam S., Malik M. I., Hussain S., Thursamy R., Shujahat M., Sajjad M., "Motives of Excessive Internet Use and Its Impact on the Academic Performance of Business Students in Pakistan", Journal of Substance Use, 2018, Vol. 23, No. 1, pp. 103–111.

[7] Azizi S. M., Soroush A., Khatony A., "The Relationship between Social Networking Addiction and Academic Performance in Iranian Students of Medical Sciences: a Cross-sectional Study", BMC psychology, 2019, Vol. 7, No. 1, p. 28.

导致学生的学业成绩更差[1]。

数字化教学模式下中国大学生的学业倦怠状况有一定的特殊性。第一，"手机依赖症"抑制了大学生的学习动机，使其产生对学习的冷漠疏离态度[2]。当前这一代年轻人，有时被称为"数字原住民"，从小就在数字设备和互联网构成的现实与虚拟双重世界中构建了社会身份。与数字移民相反，数字原住民将手机作为一个必不可少的"电子器官"，习惯于快速地接受信息，喜欢多任务处理和随机进入，爱好即时反馈和强化，喜欢视觉信息多于听觉或文字。他们对机械死板的课堂讲授缺少耐心，无法长期专注于学习，通常会在课堂上使用手机。数字工具会分散他们的学习注意力，多任务处理可能造成较低的学习动机[3]。一些研究发现，学术倦怠与更高频率的手机社交 App 使用有关[4]，而学业倦怠与问题性使用手机有关，尤其是在新冠疫情期间[5]。问题性使

---

[1] Madigan D. J., Curran T., "Does Burnout Affect Academic Achievement? A Meta-Analysis of over 100000 Students", Educational Psychology Review, 2021, Vol. 33, pp. 387–405, https：//doi.org/10.1007/s10648-020-09533-1.

[2] Hao Z., Jin L., Huang J., Wu H., Stress, "Academic Burnout, Smartphone Use Types and Problematic Smartphone Use: The Moderation Effects of Resilience", Journal of Psychiatric Research, 2022, Vol. 150, No. 4, pp. 324–331, https：//doi.org/10.1016/j.jpsychires.2022.03.019.

[3] Kaja M., Heta T., Lauri H., Katariina S., "Adolescent Students' Digital Engagement and Achievement Goal Orientation Profiles", Computers & Education, 2021, Vol. 161, https：//doi.org/10.1016/j.compedu.2020.104058.

[4] Walburg V., Mialhes A., Moncla D., "Does School-related Burnout Influence Problematic Facebook Use?", Children and Youth Services Review, 2016, Vol. 61, pp. 327–331, https：//doi.org/10.1016/j.childyouth.2016.01.009.

[5] Gundogan S., The relationship of COVID-19 Student Stress with School Burnout, "Depression and Subjective Well-being: Adaptation of the COVID-19 Student Stress Scale into Turkish", The Asia-Pacific Education Researcher, 2022. https：//doi.org/10.1007/s40299-021-00641-2.

用手机会恶化成"手机依赖症",一旦离开手机太长时间就会感觉到焦躁不安、意识失控,无法正常学习和生活。同样的,课堂上如果没有互联网连接,学生也会感到不适[1]。研究人员对比了青少年中的手机依赖者与非手机依赖者,在生活事件、学业倦怠和心理健康上的表现,数据显示,二者存在显著差异,且手机依赖者各变量得分显著高于非手机依赖者[2]。

第二,教师对数字化教学技术的不当使用阻碍了情感交互,影响了学习参与度、阻碍了心理满足感和个人成就感的获得。作为"教学辅助工具"的数字技术是指使用多媒体来加强教师主导的教学。尽管对此抱有很高的期望,但大多数学校将技术引入教育过程的零碎方式一直是有效利用技术进行教学和学习的障碍,因此早期的数字辅助教学模式在提高学业成绩上产生的影响并不显著[3]。教师的教学法、教学效率、PPT 的质量和控制课堂的能力是影响教学质量的重要因素[4][5]。教学风格、个人电脑使用和与技

---

[1] Beatriz O. R., Almudena C. S., Beatriz M., "Risks in Adolescent Adjustment by Internet Exposure: Evidence From PISA", Frontiers in Psychology, 2021, Vol. 12.

[2] He A., Wan J., Hui Q., "Mental Health Status of Mobile Phone Dependent Adolescent and the Relationship with Life Events and Academic Burnout", Chinese Journal of Clinical Psychology, 2019, Vol. 27, No. 2, pp. 410 – 413.

[3] R. E. Slavin, C. Lake, B. Chambers, A. Cheung, S. Davis., "Effective Reading Programs for the Elementary Grades: A Best – Evidence Synthesis", Review of Educational Research, 2009, Vol. 79, p. 1391, https://doi.org/10.3102/0034654309341374.

[4] Tamim R. M., Bernard R. M., Borokhovski E., Abrami P. C., Schmid R. F., "What Fourty Years of Research Says About the Impact of Technology on Learning: A Second – Order Meta – Analysis and Validation Study", Review of Educational Research, 2011, Vol. 81, No. 1, pp. 4 – 28, https://doi.org/10.3102/0034654310393361.

[5] Xu L., "Teaching Quality about Application of Multimedia in Higher Education", In Li P, edited, Proceedings Paper Conference Meeting Conference on Education Technology and Management Science (ICETMS 2013), Advances in Intelligent Systems Research, 2013, pp. 393 – 395.

术相关的培训都对课堂上使用了多少技术以及如何使用技术发挥了作用①。绝大多数教师基本上处在应用数字技术为教学提供便利手段和提高教学效率的层面，流于形式。课堂气氛过于活跃会分散学生注意力，尤其是在学生没有预习时，会导致学生无法准确记忆80%的课堂内容②；相反，课堂过于沉闷导致学生之间的学习氛围不足，学生不能有效地进入学习状态。部分教师过于依赖PPT，往往仅是按照顺序朗读演示文稿，忽视了与学生的互动，抑制了学生的课堂参与热情。学生唯一能做的就是看屏幕、记笔记、被淹没在大量材料中，学习变得既枯燥又疲劳③。尤其是在线上听课模式下，学生和教师之间缺乏直接联系，这可能是学生学术倦怠的重要压力源④。

第三，数字课堂庞大的班级规模难以满足每个学生的参与需求，这与学生在课堂上的不当行为相关。在大学快速扩招的背景下，课堂人数往往超过科学的数量。而班级越大，教师组织有效课堂活动的难度就越大；这导致师生

---

① Wozney L., VenkateshV., Abrami P., "Implementing Computer Technologies: Teachers' Perceptions and Practices", Journal of Technology and Teacher Education, 2006, Vol. 14, pp. 173 – 207.

② Fang P., "Multimedia – Teaching Effect Assessment in Earlier Higher Education System in China", Zhu, XF edited: International Conference on Education Research and Reform (ERR 2015), Advances in Social and Behavioral Sciences, 2015, Vol. 8, pp. 163 – 166.

③ Zhang Y., "Reflection on Advantages Challenges and Optimization of Multimedia Teaching in Colleges and Universities under the New Situation", Journal of Heilongjiang Institute of Teacher Development, 2022, Vol. 41, No. 8, pp. 48 – 50, https://doi.org/10.3969/j.issn.2096 – 8531.2022.08.015.

④ Mariani A. W., Terra R. M., Pego – Fernandes P. M., "E – Learning: From Useful to Indispensable Tool", Sao Paulo Medical Journal, 2012, Vol. 130, No. 6, pp. 357 – 359, https://doi.org/10.1590/s1516 – 31802012000600001.

交互和学生间的人际互动减少，课堂就更加让人感到疲惫，这也是大学生学业倦怠的原因之一。大班教学导致学习能力不同的学生感到被忽略，引发人格解体。在一个60人以上的大班里，教师无法把学生的水平差异控制在他们能够控制的范围里，他们只能按照事先设计好的教案授课。一方面，当学生的学习压力超越其能力的承受范围，回避性应对策略在压力和倦怠中发挥了重要作用[1]。不精通电脑技术的学生可能不得不花更多的时间提升网络信息检索技能，而不是专注于课程材料。学习能力较差的学生由于跟不上学习而索性旷课。另一方面，当课程难以满足学生需求，学生就会丧失参与课堂的动力。水平较高的学生会嫌节奏太慢而将课堂时间用在其他事情上，例如互联网。数字技术的使用不当会降低学生对学校氛围的感知，这种消极状态会减少学生对大学的归属感和认同感[2]，学生对课堂环境的感知构成了预测其学业倦怠水平的重要变量[3]。

第四，后疫情时期，多个数字教学平台使大学生陷入"虚假繁忙"、精疲力尽。后疫情时期的"线上+线下"混合式教学模式使多个互不连通的学习平台重叠，不可避免

---

[1] Roche A., Ogden J., "Predictors of Burnout and Health Status in Samaritans' Listening Volunteers", Psychology, Health & Medicine, 2017, Vol. 22, No. 10, pp. 1169 – 1174, https://doi.org/10.1080/13548506.2017.1280176.

[2] Zhai B., Li D., Li X., Liu Y., Zhang J., Sun W., "Perceived School Climate and Problematic Internet Use among Adolescents: Mediating Roles of School Belonging and Depressive Symptoms", Addicted Behaviour, 2020, 110, 106501, https://doi.org/10.1016/j.addbeh.2020.106501.

[3] İlhan M., Çetin B., "An Analysis of the Relationship between Academic Burnout and Classroom Assessment Environment", Eğitim ve Bilim, 2014, Vol. 39, pp. 51 – 68, https://doi.org/10.15390/EB.2014.3335.

地持续分散学生的注意力，消耗学生的时间，挑战学生多任务处理和统筹资源的能力。这可能会导致学生总是感觉很匆忙，从而产生精疲力尽的感觉①，但也没有很好地完成学习目标。电子课件中涵盖了太多的知识和信息，以至于学生无法在课堂中依靠 90 分钟的时间消化它们，这导致学生大脑疲劳，无法集中课堂注意力。大多数学生跟着课件安排的内容一步一步看，抓不到重点，收获很少。这也是电子课件的信息量很大却不能达到相应的学习效果的原因。

二、方法

（一）参与者

本研究采用定量研究方法，对正在经历后疫情时期数字化教学的中国大学生发放在线问卷，进行数据收集。我们通过专业调研平台"腾讯问卷"分发问卷。本次调查于 2022 年 8 月 4 日至 2022 年 8 月 23 日开放网上调查平台，采用滚雪球抽样方法邀请符合条件的大学生参加在线调查。该问卷设置了 3 个连续的网页，答题人需要完整回答每个问题后才能进入下一页，系统会提示答题

---

① Katariina S., Joona M., Kimmo A., Kai H., Kirsti L., "School Burnout and Engagement Profiles Among Digital Natives in Finland: A Person-Oriented Approach", European Journal of Developmental Psychology, 2016, Vol. 13, No. 6, pp. 704 – 718, https://doi.org/10.1080/17405629.2015.1107542.

者完成所有问题方能提交。因此，最终回收的问卷全部有效，没有出现数据缺失的问卷。问卷平台还收集了受试者的省份和填写问卷所花费时间等信息。参与正式调查的学生来自全国23个省、直辖市和自治区，共206名大学生。

（二）措施

本问卷分成3个部分，第一部分收集了学生的基本信息，包括学生的性别、年级（入学时长）、高中的学习背景、大学的专业类别四项。第二部分是课堂倦怠量表，旨在测试大学生的学业倦怠水平。我们结合 Maslach 学业倦怠调查普适量表［Maslach Burnout Inventory – Student Survey (MBI – SS)］[1]和吴艳等人开发的"青少年学习倦怠量表"[2]，并针对本研究涉及数字教学的需求，对部分问题进行了调整，设计了该量表。该量表的问题相比于传统的学业倦怠量表来说更加具体，从整个学习过程聚焦到课堂学习，例如将"我不能在学习中获得成就感"改为"我不能在课堂学习中获得成就感"。课堂倦怠量表一共16道题，采用李克特五级量表，1是非常不认同，5是非常认同，用3个分量表测量课堂倦怠的3个维度，即情绪耗竭（6、

---

[1] Maslach C., Jackson S. E., "The Measurement of Experienced Burnout", Journal of Organizational Behavior, 1981, Vol. 2, No. 2, pp. 99 – 113, https：//doi.org/10.1002/job.4030020205.

[2] Wu Y., Dai X., Wen Z., Cui H., "The Development of Adolescent Student Burnout Inventory", Chinese Journal of Clinical Psychology, 2010, Vol. 2, pp. 152 – 154, https：//doi.org/10.16128/j.cnki.1005 – 3611.2010.02.018.

9、13、15、18、20)、行为不当 (5、8、11、14、16) 和成就感低 (7、10、12、17、19),计分从 1—5,分值表示学业倦怠的符合程度,通过累加来计算每一方面的得分。其中设置了 8 个反向题 (5、7、8、10、11、12、17、19),我们在问卷回收后对其进行了重新编码。课堂倦怠量表得分区间为 16—80 分,总分值越高表示学业倦怠感越强。问卷的第三部分是课堂倦怠原因量表,旨在寻找大学生学业倦怠和课堂表现的原因。我们设置了 17 道题,采用李克特五级量表,1 是非常不认同,5 是非常认同。其中,用 3 个分量表调查学生自身原因 (21、27、29、32、33)、学校和教师原因 (22、25、26、28、31、35、36)、环境原因 (23、24、30、34、37) 与课堂倦怠关系。为了确定该问卷量表研究项目是否有效和合适,我们在自动化统计产品和服务软件 (SPSSAU) 分析平台上采用项目分析法进行检验。其原理是先对分析项求和,进而将其分成高分组和低分组 (以 27% 和 73% 分位数为界),然后使用 T 检验去对比高分和低分组别的差异情况,如果有差异则说明量表项设计合适,反之则说明量表项无法区分出信息,应该对设计不合理的题目进行删除处理。分析得知,课堂倦怠原因量表 17 项全部呈现出显著性 ($p < 0.05$),意味着这 17 项均具有良好的区分性。

(三) 数据处理

就反向题进行重新编码后,使用 R 软件对问卷的所有问题进行克隆巴赫信度分析，其中 19 和 20 两个问题的校正项总计相关性（CITC）值明显偏低于 0.4，于是将其剔除。信度分析显示，信度系数值 α 为 0.936，大于 0.9，因而说明研究数据信度质量很高[①]。

表 5　克隆巴赫信度分析

项数	样本量	克隆巴赫 α 系数
37	206	0.936

使用因子分析法对态度量表题数据的设计合理性进行效度检验，以检测研究项是否合理、有意义。分别通过检验统计量（KMO）值、共同度、方差解释率值、因子载荷系数值等指标进行综合分析，以验证出数据的效度水平情况。可知：所有研究项对应的共同度值均高于 0.4，说明研究项信息可以被有效地提取。另外，KMO 值为 0.905，大于 0.8，研究数据非常适合提取信息（从侧面反映出效度很好）。其中 4 个因子的方差解释率值分别是 21.069%、14.289%、11.669%、4.756%，旋转后累积方差解释率为 64.094% > 50%，意味着研究项的信息量可以有效地提取出来。[②]

[①] Eisinga R., Te Grotenhuis M., Pelzer B., "The Reliability of a Two - item Scale: Pearson, Cronbach, or Spearman - Brown?" International Journal of Public Health, 2013, Vol. 58, No. 4, pp. 637 - 642.

[②] Chung R., Kim B., Abreu J., "Asian American Multidimensional Acculturation Scale: Development, Factor Analysis, Reliability, and Validity", Cultur Divers Ethnic Minor Psychol, 2004, Vol. 10, No. 1, pp. 66 - 80.

表 6　问卷的效度分析

KMO 值		0.905
巴特利特球形度检验	近似卡方	4305.848
	df	666
	p 值	0.000

我们对数据进行因子分析，以对原有数据进行降维。KMO = 0.91，巴特利特检验的 p 值远小于 0.05，故该数据集十分适合做因子分析。根据平行分析碎石图的结果，需要提取 4 个公因子。问卷调查的是大学生课堂表现与多媒体使用之间的关系，两者之间具有相关性。因此，采用斜交旋转法。

从分析结果来看，问卷中的问题可以被分为 4 个大组，第一大组的问题包括问题 22、23、24、25、26、28、30、31、33、34、35，第二大组的问题包括问题 5、7、8、10、11、12、17，第三大组的问题包括问题 27、29、32、36、37，第四大组的问题包括问题 6、9、13、14、15、16、18、21。从问题的内容中我们可以发现：第一大组问题集中于学生对课堂教学形式的满意程度，可以概括为"课堂教学能力"；第二大组问题集中于学生对课堂教学内容的接受程度和主观表现，可以概括为"学生接受能力"；第三大组问题集中于课堂对学生的吸引程度，可以概括为"教学的吸引力"；第四大组问题集中于学生对课堂学习的热情和主动探索能力，可以概括为"学生学习动机"。总之，数据分析结果发现，学习现状主要受两大主体、四个维度影响，分别是学校课堂（包括课堂的教学能力与吸引力两个维度）和学生（包括学生的接受能力与学习动机两个维度）。

为了避免分量表题目数量不同而导致的总分不一致，在分析分量表的总分与其他变量之间的关系时，我们将课堂倦怠量表的"个人成就感低"分量表总分区间化（5—25分），其他两个分量表总分保持一致；同理，将课堂倦怠原因量表中"教师和学校原因"分量表的总分区间化（5—25分）。

（四）数据分析

1. 描述性统计

我们使用社会科学统计软件包（SPSS）工具进行分析。本研究共调查206人，其中男生62人，女生144人；男生占比30.1%，女生占比69.9%。从调研平台统计的地域分布来看，其中54%的受调查者来自北京，其余分布在中国的23个省份中。研究显示，不同年级的学生对学习方法的掌握程度和对专业熟悉程度不同，可能影响其学业态度。疫情时期大学生在线教学模式给不同的群体带来了一些新的问题，例如在线教育可能会阻碍一年级新生对专业知识的理解[1]。从受调查者的年级（入学时长）来看：0—1年，共29人，占比14.08%；2年内，共44人，占

---

[1] Hu X., Dong G., "Study-related Burnout of College Students in China During Online Education Period", 2020 IEEE/WIC/ACM International Joint Conference on Web Intelligence and Intelligent Agent Technology (WI-IAT), 2020, pp. 746-751, https://doi.org/10.1109/WIIAT50758.2020.00115.

比 21.36%；3 年内，共 54 人，占比 26.21%；4 年内，共 38 人，占比 18.45%；4 年及以上，共 41 人，占比 19.9%。

在中国，一部分省份高中学科分为文科和理科，另一部分省份不作区分。高中的学习背景决定了学生在大学专业学习的难度。例如一个理工科高中背景的学生进入大学学习文史类专业，那他可能因为缺乏知识储备和专业基础而备受挑战，影响其学业成绩和学业倦怠水平。本次调查中，高中学习背景偏文科的学生，共 117 人，占比 56.79%；偏理科的学生共 66 人，占比 32.04%；不分文理科的学生共 23 人，占比 11.17%。

数字教育在不同专业的适用度存在差异，例如以实验操作为主的部分理工科专业，在线学习的效果可能不如预期，大学生可能因为难以掌握实践技能而产生挫败感。本次问卷的大学专业类别以文科为主，文科专业的学生共 176 人，占比 85.44%；理工科专业的学生共 30 人，占比 14.56%。

表7　学生基本信息统计

项目	选项	频数	百分比（%）
性别	男	62	30.10
	女	144	69.90
年级（入学时长）	0—1 年	29	14.08
	2 年内	44	21.36
	3 年内	54	26.21
	4 年内	38	18.45
	4 年及以上	41	19.90

续表

项目	选项	频数	百分比（%）
高中的学习背景	偏文科	117	56.79
	偏理科	66	32.04
	不分文理	23	11.17
大学的专业类别	文科类	176	85.44
	理科类	30	14.56
总数		206	100.0

课堂倦怠量表统计了大学生的倦怠值，"课堂倦怠总值"平均得分为42.413分（16—80分），"情绪低落"平均得分为14.024分（5—25分），"行为不当"平均得分为13.010分（5—25分），"成就感低"平均得分为13.024分（5—25分）。而课堂倦怠原因量表中各分量表的平均得分的"个人原因"是13.825分，"学校和教师原因"是19.121分，"环境原因"是12.850分。较高的"情绪低落"得分反映了数字教学对大学生身体和精神的影响较大，长期的屏幕学习时间让大学生没有足够精力进行体育锻炼，这间接影响了大学生的睡眠和身体健康。相比于寻找外部原因，大学生更多将上课过程中引发的心理失调归咎于自身，比如缺乏适当的数字化学习方法、缺乏科学的课程学习规划、情绪调节能力不足等原因。

表8 问卷的基本统计数据

名称	样本量	最小值	最大值	平均值	标准差	中位数
课堂倦怠总值	206	20.000	72.000	42.413	9.748	43.000
学校和教师原因	206	7.000	35.000	19.121	6.015	20.000

续表

名称	样本量	最小值	最大值	平均值	标准差	中位数
情绪低落	206	5.000	25.000	14.024	4.468	14.000
个人原因	206	5.000	25.000	13.825	4.704	14.000
成就感低	206	7.000	22.000	13.024	2.612	13.000
行为不当	206	5.000	25.000	13.010	3.722	13.000
环境原因	206	5.000	25.000	12.850	4.613	12.000

2. 相关性和回归分析

利用相关分析去研究学生的性别、年级（大学入学时长）、高中学习背景、大学专业类别与课堂倦怠之间的相关关系，使用皮尔逊相关系数去表示相关关系的强弱情况。在性别上，14项中的12项并没有呈现出显著性，相关系数值接近于0，表示课堂倦怠水平与性别关系不大，仅在9A和13A题目中显示出男生更难保持课堂学习热情。在入学年限、高中学习背景和大学专业类别上，相关系数值全部接近于0，表示此三项与课堂倦怠水平并无相关关系。通过t检验，分析性别和大学专业类别与情绪低落、行为不当和成就感低三种学业倦怠水平的关系，均没有表现出显著性差异。[1] 之前的调查研究也发现，学生的课堂倦怠水平与性别关系不大[2]。

---

[1] Hauke J., Kossowski T., "Comparison of Values of Pearson's and Spearman's Correlation Coefficients on the Same Sets of Data", Quaestiones Geographicae, 2011, Vol. 30, No. 2, pp. 87–93.

[2] Rahmatpour P, Chehrzad M, Ghanbari A, Sadat-Ebrahimi S. R., "Academic Burnout as an Educational Complication and Promotion Barrier Among Undergraduate Students: A Cross-Sectional Study", Journal of Education and Health Promotion, 2019, Vol. 24, No. 8, p. 201, https://doi.org/10.4103/jehp.jehp_165_19.

将"个人原因""学校和教师原因""环境原因"作为自变量,而将课堂倦怠总值作为因变量进行线性回归分析,可以看出,模型公式为:课堂倦怠总值 = 18.264 + 0.995 * 个人原因 + 0.279 * 学校和教师原因 + 0.393 * 环境原因,模型 R 方值为 0.614,意味着三类原因可以解释课堂倦怠总值 61.4% 的变化原因。对模型进行 F 检验时发现模型通过 F 检验($F = 107.019$、$p = 0.000 < 0.05$),说明三类原因中至少一项会对课堂倦怠总值产生影响关系。另外,针对模型的多重共线性进行检验发现,模型中 VIF 值全部小于 5,意味着不存在着共线性问题;并且 D-W 值在数字 2 附近,说明模型不存在自相关性,样本数据之间并没有关联关系,模型较好。最终具体分析可知:"个人原因"的回归系数值为 0.995($t = 6.308$,$p = 0.000 < 0.01$),"学校和教师原因"的回归系数值为 0.279($t = 2.077$,$p = 0.039 < 0.05$),"环境原因"的回归系数值为 0.393($t = 2.351$,$p = 0.020 < 0.05$),结论是 3 个变量全部会对课堂倦怠总值产生显著的正向影响。

表9 三种因素与课堂倦怠关系的线性回归

	非标准化系数 B	标准误	标准化系数 Beta	t	p	VIF	R_2	调整 R_2	F
常数	18.264	1.452	–	12.576	0.000**	–	0.614	0.608	$F(3, 202) = 107.019$, $p = 0.000$
个人原因	0.995	0.158	0.480	6.308	0.000**	3.029			
学校和教师原因	0.279	0.135	0.172	2.077	0.039*	3.605			
环境原因	0.393	0.167	0.186	2.351	0.020*	3.277			

因变量:课堂倦怠总值,D-W 值为 2.057,*$p < 0.05$ **$p < 0.01$。

以上结果可以通过散点图进行数据可视化。散点数据线性拟合公式分别为：课堂倦怠总值 = 20.683 + 1.572 * 个人原因，R 方值为 0.575。课堂倦怠总值 = 20.675 + 1.592 * 教师和学校原因，R 方值为 0.492。课堂倦怠总值 = 23.612 + 1.463 * 环境原因，R 方值为 0.479。可以看出，相比于环境原因，个人原因贡献了更高的学业倦怠数值，且离散程度更大。

学生的课堂倦怠与学校活动（例如学习、上课）相关的幸福感相关[1]。具体而言，个人、学校和教师、环境原因对课堂倦怠的 3 种不同表现的影响程度不同。所有变量间的系数 $p<0.01$，表明了较高的相关度。其中，个人原因引发的课堂行为不当尤为突出。学校和教师原因以及环境原因导致的倦怠更多地体现在学生的精神和情绪上，导致学生感到身体和精神的疲惫。

表10　三种课堂倦怠类型与三类原因的逐步回归分析

	回归系数	95% CI	VIF
常数	18.264 ** （12.576）	15.418—21.111	-
环境原因	0.393 * （2.351）	0.065—0.721	3.277
学校和教师原因	0.279 * （2.077）	0.016—0.543	3.605

---

[1] Ramona P., Laurenţiu P. M., Costea L., "Relations Between Academic Performance, Student Engagement and Student Burnout: A Cross-lagged Analysis of a Two-Wave Study", Studies in Educational Evaluation, 2019, Vol. 60, pp. 199-204.

续表

	回归系数	95% CI	VIF
个人原因	0.995 ** (6.308)	0.686—1.304	3.029
样本量		206	
R_2		0.614	
调整 R_2		0.608	
F 值	$F(3, 202) = 107.019, p = 0.000$		

因变量：课堂倦怠总值，D-W 值：2.057，$^*p<0.05$ $^{**}p<0.01$ 括号里面为 t 值。

为了更精确地得知数字化教学方式对学生倦怠的影响，我们将课堂倦怠原因量表问卷中涉及互联网和数字化因素的问题（23、28、31、32、36）筛选出来，与课堂倦怠情况进行相关性分析。研究课堂倦怠的 3 种表现形式分别和 5 项题目之间的相关关系，使用皮尔逊相关系数去表示相关关系的强弱情况，可知：它们之间均呈现出显著性，并且相关系数值均大于 0，意味着它们之间均有着正相关关系。虽然多数知识可以通过互联网搜索获得，但多数学生认为教师的讲授对帮助知识的吸收很重要，只是课堂的学习氛围缺乏趣味，数字化教学模式也不利于营造同伴学习的氛围，有时让人难以提起学习热情。教师不当使用数字化教学技术，或者仅仅将其作为一个辅助工具，机械地按照 PPT 读内容，会变得比传统课堂更加枯燥。课堂倦怠原因量表的问题 28 报告了该量表所有题目中最高的平均分（3.3 分），72.4% 的受调查者认同"一些老师因过度依赖 PPT 演示文稿而导致课堂无趣"，这也与学生的情绪低落有更强的关联（相关系数0.449）。课堂上不当使用手机的问题也困扰着学生，研究结果显示了它与课堂倦怠3种表现的相关性，其中行为不当的相关度最高（相关系数0.585）。这也揭示了一种矛盾心理——多数学生既无法忍受没有互联网的学习，又无法抗拒在上课时分心去浏览智能手机、网站和社交软件的诱惑。问题36的平均分为3.1，有67%的大学生认为网络在线自学会降低他们的学习动机。

3. 路径分析

数字化教学如何影响了学生的心理状态？我们通过探索数字化教学因子—"教—学"四因子—倦怠三类原因—课堂倦怠之间的影响路径，进行模型回归分析。数字化教学因子对于"教—学"四因子的标准化路径系数值均大于0（"教学能力"为0.896，"教学吸引力"为0.683，"学习接受力"为0.453，"学习动力"为0.693），并且其路径均呈现出0.01水平的显著性（$p = 0.000 < 0.0$）。"学习动力"与"个人原因"之间有着显著的协方差关系（相关关系）。二者标准化路径系数值为$2.570 > 0$，并且此路径呈现出0.01水平的显著性（$z = 3.506$，$p = 0.000 < 0.01$）。"教学吸引力"与"环境原因"之间有着显著的正向协方差相关关系。学校和教师原因以及和环境原因之间并没有呈现出显著性（$z = 1.680$，$p = 0.093 > 0.05$），因而说明二者没有明显的相关关系。"个人原因"和"学校和教师原因"对于课堂倦怠总值有显著的正向影响关系。标准化路径系数值分别为$0.700 > 0$，$0.086 > 0$，其路径呈现出0.01水平的显著性。通过直接将"数字化教学"作为自变量,"课堂倦怠"作为因变量进行线性回归分析,我们发现回归系数值为1.528($t=12.759$,$p=0.000<0.01$),意味着数字化教学会对课堂倦怠总值产生显著的正向影响关系,模型R方值为0.444,意味着它可以解释课堂倦怠的44.4%变化原因。通过F检验($F=162.803$,$p<0.01$),也即说明模型构建有意义。

三、讨 论

目前的研究指出,日益深化的数字化教学模式与中国大学生的学业倦怠存在正相关关系。以往的研究多次表明,有倦怠症状的大学生不仅可能难以控制自己的情绪反应,还可能增加罹患更严重的心理疾病的风险[1],例如焦虑症、抑郁症,以及出现PTSD症状[2]。教育者盲目依赖技术和对大学生心理状况的忽视,值得我们警惕。在反思数字技术对大学生造成的心理副作用的同时,还需探索此问题的解决之道。

---

[1] Al-Alawi M., Al-Sinawi H., Al-Qubtan A., Al-Lawati J., Al-Habsi A., Al-Shuraiqi M., Al-Adawi S., Panchatcharam S. M., "Prevalence and Determinants of Burnout Syndrome and Depression Among Medical Students at Sultan Qaboos University: A Cross-Sectional Analytical Study From Oman", Archives of Environmental and Occupational Health, 2019, Vol. 74, No. 3, pp. 130-139, https://doi.org/10.1080/19338244.2017.1400941.

[2] Tomaszek K, Muchacka-Cymerman A., "Student Burnout and PTSD Symptoms: The Role of Existential Anxiety and Academic Fears on Students During the COVID 19 Pandemic", Depress Res Treat, 2022, https://doi.org/10.1155/2022/6979310.

（一）过度数字化教学的副作用：技术依赖与课堂倦怠

很明显，数字技术在大学课堂上被过度使用了，且缺乏高效的整合。随着数字化教学科技的不断涌现，新的数字工具模块安装到了大学生的学习进程中。后疫情时期的中国大学生可能同时使用 3—5 个直播教学软件和 1—3 个在线学习管理平台，这既让他们陷入"虚假繁忙"，也不利于提升学业成绩和保障心理健康。

本研究发现，虽然环境原因在课堂倦怠数值上稍高于个人原因，但学生个人原因在与课堂倦怠 3 种表现的相关性上明显高于外部因素。学生的课堂倦怠不仅源自其自身，还受到教师、学校管理体制和宏观环境的影响。

数字化教学改革的快速推进对于教师来说同样是一项挑战，导致了教师群体产生更高的职业倦怠。相比传统教学，后疫情时期的"线上＋线下"混合式教学在课程设计上所花的精力较疫情之前更多，教师的备课压力陡增。据统计，90% 以上的教师认为线上教学需要花更多的时间及精力；一半以上的教师表示备课时间超出平时一两倍[1]。尤其是 45 岁以上的教师，作为"数字移民"，掌握数字化教学技术这件事本身对他们来说就是巨大的挑战。

在教育资源方面，部分纸质版教材和参考书存在着内

---

[1] Hu X., Xie Z., "On the Advantages and Challenges of Online Teaching & Learning in Universities & Colleges under the Epidemic", China Higher Education Research, 2020, Vol. 4, pp. 18 – 22, https：//doi. org/10. 16298/j. cnki. 1004 – 3667. 2020. 04. 04.

容更新滞后的问题，部分教材的信息与互联网的最新学术资源相矛盾，其中的部分理论知识甚至已经被学术界所淘汰，这也会困扰学生。而中国大学 MOOC 等在线课程的发展和运营中面临着技术支持不足、课程设计培训不足、缺乏国家课程设计和开发标准以及平台标准等挑战①。

在教学管理机制方面，学校对教师和学生都存在监管不足的问题。从中控中心监控屏幕来看，教师的课堂数字化教学多数以 PPT 为主，其次是播放视频，也有少数专业，比如外语专业主要使用录音，医学影像技术专业主要使用实物投影。部分教师的多媒体课件都是大篇幅的文字，其原因一方面是教师技能不足，另一方面是学校只对教师是否使用了多媒体技术给予了关注，而未对数字化教学的课堂互动和教学质量进行考核。② 由于缺失引导，大学生在虚拟世界的非正式学习也存在大量碎片化现象③，或者沉迷社交、娱乐或网络游戏。

（二）本科生数字化教学的改进路径

当代学习理论主要观点认为，学习是积极的意义建构、

---

① Liu M., Zha S., He W., "Digital Transformation Challenges: A Case Study Regarding the MOOC Development and Operations at Higher Education Institutions in China", Tech Trends, 2019, Vol. 63, pp. 621 – 630, https: //doi. org/10. 1007/s11528 – 019 – 00409 – y.

② Shi Q., Guo J., "An Empirical Study on College Students' Learning Situation and Influence Mechanism in China", Educational Research, 2012, Vol. 2, pp. 109 – 121.

③ Kjaergaard T., Sorensen E. K., "Rhizomatic, Digital Habitat – A Study of Connected Learning and Technology Application", Proceedings of the 9th International Conference on e – Learning (ICEL2014), 2014.

社会的协作交流和日常的实践参与的过程。在这个过程中学生完成了意义建构、社会化过程和学习共同体建设。苏格拉底和孔子的面对面谈话式教学法在数千年实践中被证明有效。完全的数字化教学模式并不能取代传统教学模式中师生的精神互动和同伴学习的情感补给。学生的校外数字学习偏好和需求与学校教育之间存在供需差距，可能导致学生课堂学习参与度降低[1]。

首先，学校应整合和精简数字化教学工具。通过技术平台的相互连通和融合，使不同功能的数字化教学工具一体化，更便于学生操作和学校管理。2022年2月，中国发布《教育部2022年工作要点》，提出实施教育数字化战略行动，探索大中小学智慧教室和智慧课堂建设，深化网络学习空间应用，改进课堂教学模式[2]。如果实施得当，一些以技术为中介的项目可以支持学生的发展[3]。除了硬件设备和软件系统之外，更重要的是制订考虑到教育环境细节的工作计划[4]。考虑到学生的非正式学习的需求，"智慧

---

[1] Hietajärvi L., Tuominen–Soini H., Hakkarainen K., Salmela–Aro K., Lonka K., "Is Student Motivation Related to Socio–Digital Participation? A Person–Oriented Approach", Procedia–Social and Behavioral Sciences, 2015, Vol. 171, pp. 1156–1167, https://doi.org/10.1016/j.sbspro.2015.01.226.

[2] Ministry of Education of PRC, "Notice of the Higher Education Department of the Ministry of Education on Printing and Distributing the Key Points of Work in 2022", February 23, 2022, http://www.moe.gov.cn/s78/A08/tongzhi/202203/t20220310_606097.html.

[3] Archer K., Savage R., Sanghera–Sidhu S., Wood E., Gottardo A., Chen V., "Examining the Effectiveness of Technology Use in Classrooms: A Tertiary Meta–Analysis", Computers & Education, 2014, Vol. 78, pp. 140–149, https://doi.org/10.1016/j.compedu.2014.06.001.

[4] Volodarskaya E. B., Grishina A. S., Pechinskaya L. I., "Virtual Learning Environment in Lexical Skills Development for Active Vocabulary Expansion in Non–Language Students Who Learn English", 2019 12th International Conference on Developments in e–Systems Engineering (DeSE), Kazan, Russia, 2019, pp. 388–392.

学习"场景要有针对性，因为学生更多使用计算机而不是移动设备处理学习任务[1]。

其次，提升教师在数字化课堂的领导力，加强对教师数字技能培训，对教师不当使用数字工具进行监管，鼓励教师探索和提升课堂领导力。教师领导力对提高学生学习动力和学业成绩、降低学业倦怠水平具有一定作用，教师的变革性行为鼓励了学生参与课堂学习和互动进程[2]。激励学生的教师行为将导致更高水平的运作，增加学生对课堂的兴趣和参与，并提升批判性思维[3]。建立数字化课堂的共同规范有助于约束学生的不当行为，因为偏离规范的学生似乎更容易被同龄人拒绝接触或互动[4]。同时，教师情感支持对学生的学业倦怠有一定的缓解作用[5]，教师可通过设计一个适度的数字化课堂环境来满足学生在知识获取、情感连接、个人成就感、集体归属感的需

---

[1] Lai K. W., Smith. A., "Tertiary Students' Understandings and Practices of Informal Learning: A New Zealand Case Study", Australas J. Educ, Technol, 2017, Vol. 33, pp. 115 – 128, https: //doi. org/10. 14742/ajet. 2937.

[2] Trigueros R., Ana P., José M. A., Isabel M., Remedios L., Patricia R., "The Influence of Transformational Teacher Leadership on Academic Motivation and Resilience", Burnout and Academic Performance, International Journal of Environmental Research and Public Health, 2020, 17, 7687, https: //doi. org/10. 3390/ijerph17207687.

[3] Yulianti K., Denessen E., Droop M., Veerman G. J., "Transformational Leadership for Parental Involvement: How Teachers Perceive the School Leadership Practices to Promote Parental Involvement in Children's Education", Leadership and Policy in Schools, 2021, Vol. 20, No. 2, pp. 277 – 292, https: //doi. org/ 10. 1080/15700763. 2019. 1668424.

[4] Zhang Y, Qin X, Ren P., "Adolescents' Academic Engagement Mediates the Association Between Internet Addiction and Academic Achievement: The Moderating Effect of Classroom Achievement Norm", Computers in Human Behavior, 2018, Vol. 89, pp. 299 – 307, https: //doi. org/10. 1016/j. chb. 2018. 08. 018.

[5] Li X., Qiao H., Liu Y., Gao D., "Perceived Teachers' Emotional Support and Learning Burnout in Middle School Students: A Mediated Moderation Model", Chinese Journal of Clinical Psychology, 2019, Vol. 27, No. 2, pp. 414 – 417.

求。为了防止过度数字化造成的信息过载和情感互动缺失,教师也应根据实际情况及时调整数字化教学工作量和教学策略,以帮助学生适应教学进度并管理他们的需求①。

最后,鼓励学生探索预防和抵抗学业倦怠的策略。为了避免大学生因滥用数字技术或沉迷互联网而产生学业倦怠,必须采取预防策略和补救措施。这需要增强青少年数字技术素养,增强其社会情感学习以及自我调节策略②。学生可以通过提升心理复原力和寻求外部支持来摆脱倦怠。当出现学业倦怠时,复原力可以帮助他及时摆脱消极症状,把这个人拉回正常轨道③。这将使学生寻找正确的压力排解方式,而非沉迷于手机屏幕。在面临学术挑战时,课堂结构和同伴支持水平较高的学生倾向于积极寻求同伴支持,这些学生的学业倦怠水平较低④。

(三) 局限性

需要承认,本研究仍存在一定的局限性。第一,本研

---

① Noh H., Shin H., Lee S. M.,"Developmental Process of Academic Burnout Among Korean Middle School Students", Learning and Individual Differences, 2013, Vol. 28, pp. 82 – 89, https://doi.org/10.1016/j.lindif.2013.09.014.

② Schilhab T.,"Impact of iPads on Break – Time in Primary Schools—A Danish Context", Oxf. Rev. Educ., 2017, Vol. 43, pp. 261 – 275, https://doi.org/10.1080/03054985.2017.1304920.

③ Cheng J., Zhao Y., Wang J., Sun Y.,"Academic Burnout and Depression of Chinese Medical Students in the Pre – Clinical Years: The Buffering Hypothesis of Resilience and Social Support", Psychology, Health & Medicine, 2020, Vol. 25, No. 9, pp. 1094 – 1105, https://doi.org/10.1080/13548506.2019.1709651.

④ Shih S. S.,"The Relationships Among Taiwanese Adolescents' Perceived Classroom Environment", Academic Coping, and Burnout, School Psychology Quarterly, 2015, Vol. 30, No. 2, pp. 307 – 320, https://doi.org/10.1037/spq0000093.

究的样本以文科专业为主，女生偏多，可能影响研究的稳健性。第二，本研究开发的课堂倦怠量表，虽然结合课堂教学做了一定调整且有较好的信度和效度，但它仍有进一步优化的空间。第三，作为一项自我报告的问卷，学生们的答案可能会受到人际关系、社会期望和对李克特类型答案的主观解释的影响[1]。第四，数字技术在不同发展阶段对大学生心理倦怠的影响可能呈现时间上的差异性。当前，数据是从单个时间点收集的，横断面研究不能从统计关系中得出因果关系，因此今后需要进行纵向设计，以阐明所研究变量之间的关系。尽管存在这些局限，但目前的研究表明，技术发展确实给青年人的学习过程中的精神健康带来了风险和挑战。反思数字技术过度扩张对传统教育的副作用是有意义的。

四、结 论

目前的研究验证了大部分初始假设。新冠疫情后，中国大学教育数字化的进程在一定程度上加快了，这导致了大学生的心理健康危机。数字化教学与中国大学生的学业倦怠呈现正相关关系。但课堂表现和学业倦怠水平与大学生的性别、年级、学科背景、专业类别的相关性不大。量表中部分

---

[1] Karabenick S. A., Woolley M. E., Friedel J. M., Bridget V., Blazevski J., Bonney C. R., Kelly K. L., "Cognitive Processing of Self-Report items in Educational Research: Do They Think What We Mean?" Educational Psychologist, 2007, Vol. 42, pp. 37-41, https://doi.org/10.1080/00461520701416231.

问题报告了大学生对课堂上过度使用和不当使用数字化教学技术表达了不满,这与学生的学业倦怠呈现显著关联。大学生在数字课堂上的学业倦怠与个人自身原因的相关性要高于它与学校和教师原因以及环境原因等的相关性。

当代中国政府与政治课程中慕课教学模式初探[*]

2012年，大规模开放在线课程——慕课如同一场数字海啸，为全球高等教育带来了巨大的冲击，引发了一场教育风暴，被誉为"印刷术发明以来教育最大的革新"。[①] 这些教育革新的风暴最主要体现在互联网技术支撑下的全新知识传播形式和学习方式正在颠覆高等学校传统的教学和学习模式。正如中国著名经济学家、教育学家，已故的清华大学教授陈岱孙先生所说的，"最古老的行当，而最时新的职业"，[②] 这句话描述了高等教育教与学正处于一个大变革、大探索的时代。基于此，将高校课程改革作为抓手，运用和借助信息化技术手段，提高教学质量和专业人才培养素质，满足"互联网+"时代对人才

---

[*] 本文作者：杨耀源，北京第二外国语学院政党外交学院讲师。本文是北京高等教育本科教学改革创新项目"北京国际交往中心建设背景下国际事务与国际关系专业核心课程教学改革研究"阶段性成果。

[①] 焦建利、王萍编著：《慕课：互联网+教育时代的学习革命》，机械工业出版社2015年版，第2页。

[②] 于歆杰主编：《以学生为中心的教与学——利用慕课资源实施翻转课堂的实践》（第2版），高等教育出版社2017年版，第32页。

的最新需求，是当前中国几乎所有高校面临的一项重要任务。

当代中国政府与政治课程是学院国际关系专业必修课，是一门基础课程。该课程主要涉及关于中国当代的政府与政治运行和发展规律，引导学生掌握中国行政管理相关的理论知识和技能，着力培养实践型的行政管理人才，为中国政府服务和管理改革工作输送高素质人才。然而，在传统的以教师教授为中心的教学模式下，这门课程的教学面临着学生学习热情不高、课堂参与度低、课程实践度较低以及教师授课热情降低等诸多问题。

相较于传统课堂教学，慕课具有资源多元化、受众面广、主体参与性强及学习不受时空限制等优点，一定程度上利于学生对知识的进一步掌握。将网上在线教学和传统课堂教学的优势相结合，一种线上线下相结合的新型教学模式应运而出。[1] 这样的好处是：一方面，可以让教学过程充满活力和乐趣，点燃学生对当代中国政府与政治课程的学习欲望，激发学生的学习热情和斗志；另一方面，亦可以提高教师讲课的热情，使教师容易与学生进行互动，在学生的提问中更容易发现自身教学能力和方法的不足之处，从而督促自我提升，更加用心投入课程内容的教学工作，实现"教学相长"。

---

[1] 江志斌：《中国慕课模式探索与实践》，《中国大学教学》2018年第1期，第28—30页。

一、当代中国政府与政治课程教学难点

（一）教学模式陈旧，跟不上互联网时代的脚步

当代中国政府与政治课程开设多年，一直采用"教师教授—课后练习—期末考试"教学模式，教师是教学的主体，在传统课堂上，大多数情况都是教师主动讲，学生被动听，学生的积极性和主动性很难被调动起来。

（二）实践能力的培养难以深入推进

当代中国政府与政治课程应注重创新探索原则。针对该课程的教学，教师应注意创新灵活引入启发互动教学，激发学生学习的积极性和主动性，由此提高课堂教学效果。而传统课程教学很容易走入传统的文献检索教学轨道，理论教学占用时间较多，方案设计和检索实验浅尝辄止，练习程度不够，不能满足专业培养要求。因此，课程教学中，教师应充分结合讲授法、项目驱动教学法、小组讨论法、练习法等多种教学方法，创设课堂教学。教师可以通过慕课平台，提炼项目教学内容，通过分组讨论，引导学生进行自主学习。在此过程中，教师应注重指导学生，并检验学生的学习效果和进度。

二、慕课教学的特点与要求

基于此,慕课的应用为当代中国政府与政治课程教学改革带来了契机,它为学生个性化学习的实现、教学资源及教学内容的整合及当代中国政府与政治课程教学模式的改革提供了可能性。以讨论或教师答疑的方式巩固学到的知识,通过慕课学习各高校优秀的专业教师讲解,了解更新的现实中国政治知识。同时,慕课教学也对专业教师提出了一些新的要求。未来的专业教师应拥有一定的计算机操作能力,熟练制作慕课、微课;应成为慕课资源的研发者和主导者,分析解读当代中国政府与政治课程教材,引导学生学习,成为熟练运用在线资源的课堂组织者。

三、基于慕课教学理念的教学模式设计与应用

根据学院国际关系专业学生的专业必修课程,借助当代中国政府与政治课程在线开展慕课教学进行分析说明。

(一)制定当代中国政府与政治课程慕课的教学目标

当代中国政府与政治课程教学目标是:一是正确理解

并执行党和国家的基本路线、方针、政策，遵纪守法，树立为国家富强、民族振兴而奋斗的理想和建立为人民服务、勇于开拓、艰苦创业的事业心与责任感；二是奠定扎实的外语基础，能熟练运用外语独立从事工作；三是了解中国国情和对象国家的社会和文化以及与本专业有关的国际法、国际经济与外交学等学科的知识；四是开拓国际视野，拥有宽容的精神和使命感；五是增强健康人格和创新意识与能力。所以，当代中国政府与政治课程的教学目标设计，应以提高学生对于理论知识形成较为深刻的理解、培养学生的合作学习能力、提高学生分析问题解决问题的能力为主，使其毕业后能够从事与国际关系专业有关的工作。

（二）做好教学准备

"教"的分析主要是教师在课前分析教学内容、教学资源、教学设备等，以便能够正常地开展慕课教学。慕课教学是以网络为依托的教学方式，在课前调查一下学生是否携带手机、电脑等移动设备，保证教学顺利进行。[①] "学"的分析主要是教师课前分析学生的学习动机、爱好、学习环境等。每个学生的起点不同，学习风格、习惯也存在个性化差异。教师要根据每个学生的情况，划分慕课的

---

① 邓东元：《中国教育改革中的慕课（MOOC）发展研究综述（2012—2018）》，《昆明理工大学学报（社会科学版）》2019年第1期，第76页。

难易程度，供不同学生选择。①

（三）教学以学生为主体

一方面，在当代中国政府与政治课程教学中，教师除了传统的教授法，还应结合"启发式—互动式"教学应用特点，引入问题情境教学方式。以第二章"中国共产党领导的政治体制"单元教学为例，教师应做好教学案例准备，以多媒体的方式播放国家领导会议等活动视频，让学生观看并思考中国共产党对国家的政治、思想、组织的领导制度和机制，以及中国党政体制改革在国家治理现代化中的意义、问题和方向，启发学生独立思考和探索，并就疑问与教师、学习小组同学进行交流。另一方面，当代中国政府与政治课程教学，通过慕课，针对启发互动教学实施特点，设计课程预习方案、当堂学习方案、复习方案、专题训练方案等，聚焦当代中国政府与政治课程知识点，为学生自主学习和学习互动提供高效的知识信息平台。

（四）教学手段的具体运用

在教授当代中国政府与政治课程中尝试运用雨课堂作为一种教学手段，本个案设计选用的教学内容为课程第二

---

① 张芳：《基于慕课与传统教学的混合式教学模式的探讨》，《教育教学论坛》2020年第22期，第316—317页。

章"中国共产党"。由于教师对雨课堂的使用还处于初学者阶段,所以并没有使用雨课堂进行课前预习阶段设计和课后复习阶段设计,仅对课堂教学阶段进行教学活动设计。首先在开始上课时,将雨课堂的二维码放置在 PPT 首页,学生扫描签到进入课堂,这样可以一定程度上节省课前点名的时间。由于当代中国政府与政治课程是专业核心课,仅有 43 名学生上课,因此能够较为清晰地看出学生是否到场;但若是上百人的大班授课,就可能存在有学生没有来上课,却通过扫二维码图片签到的情况。接下来在课堂知识讲授阶段,开启课堂弹幕功能,学生可以发弹幕,但总体用下来发现学生只会开始发一些弹幕。为了提高学生的听课效率,在课堂讲授中,雨课堂会在一些知识点后插入习题。总体来看,在当代中国政府与政治课程中使用雨课堂,能够一定程度地提升学生的课堂抬头率和课堂参与度,但是在提升学生的认真听课率方面依然有所欠缺,这除了与本人对雨课堂的使用不熟悉,未在教学的全过程完整使用雨课堂有一定关系,也可能与课程的性质有关。清华大学的课程多为理工科课程,课程较难,习题多设计为计算题、设计题等,学生需要深入思考才能完成答题,因此在进行课堂试题测试后,师生、学生之间进行讨论的内容很丰富。而当代中国政府与政治课程主要以理论讲述和案例讲述为主,课堂习题设置也只能以概念为主,因此可供学生参与的内容较少。

四、基于慕课教学理念的教学模式探索

（一）教师授课能力需不断提升

引入慕课后，教学的复杂性增强，包括对教学内容的整合、慕课或微视频的制作或选取、体现学生个性化或层次化的教学方案、课堂上随时可能出现问题的解决方案等，都需要教师提高授课能力、引导学生掌握正确的学习和思维方法。慕课教学模式下教师需要按计划发布预习任务书、微课视频等资源，要求学生改变学习方式，自觉进行课前线上自学，完成发布任务，找出疑难问题。除了在课堂上引入雨课堂，当代中国政府与政治课程讲授实践中也尝试使用讨论式教学法和翻转课堂，即让学生自行分组、自选题目、分组汇报，然后全体参与讨论。首先，课前学生会自行分组，然后讨论选题，在确定好题目后，小组成员讨论和设计选题报告提纲；其次，开始分工查找文献资料与分析数据，进行分工写作；最后，形成总报告。课堂上，各小组选派成员或集体在课堂上进行报告展示，教师和其他小组成员针对报告提出问题，进行讨论。

（二）课前需要备好课

课程教学之前，教师应利用网络信息平台，整合单元

课程教学相关的资源，以问题情境创设导入教学问题，引导学生结合自身的生活和学习经验思考问题。另外，为了保证教学效果，教师可以在备课之前组建专家备课组（由3—5名专业教师构成），集思广益，充分进行课堂备课讨论。

（三）建立多元化的教学评价体系

在慕课教学模式下，教师应采取多元的教学评价体系，而不是仅以期末考试为主要评价方式。[①] 大数据可以帮助教师对学生整个学习过程中所产生的数据进行搜集、整理和统计，以便对学生进行综合的评估和考核。多元化的评价除了教师对学生的评价以外，还应包括学生评价教师、企业评价学生、学生与学生之间互相评价等，形成学生、教师、企业联合评价体系，以便于教师更加科学、客观地展开教学管理和教学工作。

（四）精炼慕课资源

精选慕课资源，慕课要求学生在课外观看教学视频、完成自主学习，但当今社会信息化发展迅速，在线慕课学习资源广而杂，学生无法筛选和辨别哪些学习资源最适合，这就需要教师花费大量精力为学生选择并推荐优秀的

---

① 张海燕：《慕课、微课应用于高校课程教学改革的探索研究》，《教书育人（高校论坛）》2018年第9期，第89—91页。

慕课资源，并对学生在学习过程中遇到的种种问题进行预设并提出有效的解决方案。[①] 教师也可以在课下把知识点用微课的形式展现给学生，引导学生进行课下分组讨论，并汇集学生在讨论过程中出现的难点，在课堂上进行答疑解惑，巩固强化学过的知识点。

[①] 陈凤芹：《高职立体化在线教学课程资源建设研究》，《职业》2020年第18期，第65—66页。

国际关系专业课程中的
中国古代经典讲授[*]

在今天这个时代，国际形势愈发错综复杂，国际关系也在紧张中面临着变革的机遇。对于国际关系专业教学而言，这无疑是一个巨大的挑战。随着人类社会运行日益复杂、专业知识快速更新、学生获取信息的渠道愈发多元化，国际关系专业教学必须进一步完善，必须对专业课程体系的设计与教学模式进行综合性的改革。如何使学生在保持对复杂国际事务的敏感性的同时掌握相关的理论知识，并且能够站稳立场、以更广阔的视野审视整个学科和背后的历史与现实，是国际关系专业教学必须要解决的重大问题。这就要求我们在国际关系专业课程中引入对中国古代经典的讲授。

---

[*] 本文作者：梁健，北京第二外国语学院政党外交学院讲师。本文是北京高等教育本科教学改革创新项目"北京国际交往中心建设背景下国际事务与国际关系专业核心课程教学改革研究"阶段性成果。

一、在国际关系专业课程中讲授中国古代经典的必要性

从文艺复兴、宗教改革等时代变局开始，西方通过种种方式逐渐在客观上取得了在全球范围内的主导地位。由此而来的西方"现代化"的扩张在取得一系列成就的同时也带来了许许多多的问题。无论是西方自身，还是其他或主动或被动地接受西方文明的其他文明，虽然有着对这些问题的一些反思与进行改变、解决的尝试，但主要都集中在学术界内部，或者在某些条件与背景之下成为台面上的政治议题，最终都不了了之、无济于事，无法搅动现代社会的根本逻辑。于是，所谓"现代性"的问题成为整个人类文明的"现代危机"。

时至今日，这一危机不仅体现在全球治理、环境灾难、国际冲突和社会问题等显而易见的现象中，更潜藏在日常生活与精神生活的各个层面，以至于人们已经对其视而不见、置若罔闻。这恰恰表明危机本身已经极其深刻。因此，我们必须回到问题的源头。

现代危机的发生或深化是随着西方文明的扩张而来的。正如前文所言，在西方文明内部看不到解决这一问题的希望。因此，有必要将目光投向西方文明之外的其他文明。对中国人而言，中华文明、中国传统文化无疑是最为熟悉、最便于研究挖掘的。近代以来的屈辱历史让我们在反思自身历史与文化的时候一度将传统文化视为落后挨打的

根本原因，以至于要将其彻底否定、抛弃。然而，随着中国的发展与逐渐强大，人们愈发认识到，植根在血脉之中的传统文化有着巨大的生命力，并且蕴含着对抗现代危机侵蚀的智慧资源。

具体到国际关系领域，开发中国传统文化资源的需要显得更加迫切。在理论层面，国际关系学科从诞生之日起就是以西方现代文明为内核的，整个学科构建、主要理论发展都是在西方现代话语中完成的。因此，国际关系专业教学也不可避免地以此为主线，学生对世界、对国际关系的理解也就不可避免地受到其基本逻辑的支配性影响。这对于跳出西方文明的框架进行反思、探索解决现代危机的办法、重构国际关系学科都是极其不利的。而在现实层面，无论是为了帮助深陷西方现代危机的世界探寻出路，还是为了提升中国自身的软实力，都必须对中国传统文化进行深入挖掘、现实实践与广泛传播。这就是在国际关系专业课程中讲授中国古代经典的必要性所在。

二、在国际关系专业课程中讲授中国古代经典的指导思路

在国际关系专业课程中引入对中国古代经典的讲授，容易走入一些误区，有许多问题要面对和解决。这需要明确相应的指导思路。

（一）讲授内容

中国传统文化包罗万象，经过几千年的发展积累必然呈现出良莠不齐的面貌。因此，我们在教学中必须取其精华，去其糟粕，而精华就在中国古代经典之中。

中国古代经典之所以被称为经典，就在于其塑造了中华文明的性格，体现了中国文化的内在逻辑与智慧，并且指向极其重要的终极性问题，值得反复进行阅读和思考而获得无穷的启示。对于教授本科生而言，选择中国古代经典有助于"立规模""定根本""观发越""求微妙"。

（二）讲授目标

当前，"国学热"方兴未艾，但由此而来的问题也层出不穷，存在将中国古代经典庸俗化、功利化、神秘化等不良现象。因此，在国际关系专业课程中引入中国古代经典的讲授要明确目标，要服务于国际关系专业学生的总体培养计划。

在国际关系专业课程中讲授中国古代经典是为了让学生在一定意义上"跳出"国际关系这一领域，相对于西方的学术和话语视野以其他方向和角度重新审视所学内容。因此，讲授中国古代经典不能仅着眼于寻章摘句，而是要让学生通过学习中国古代经典进入相应的时代视域与思维架构，在理解其中重要思想、理论、学说的基础上，体会其中展现的原初理解以及与流行观念的异同，由此获得对政治、国际关系更为丰富多元的认识,拓宽对政治学与国际关系领域基本概念与逻辑框架的认知。

具体到教学目标的不同层面:在知识层面,使学生理解中国古代经典的重要思想、理论、学说等主要内容,在学习既有学科知识的同时拓宽视野与认知角度;在能力层面,使学生在领会中国古代经典的原初理解以及与其他经典和流行观念进行比较的过程中,提高逻辑思维能力与批判性反思能力;而在情感层面,引导学生在对中国古代经典充分的理性认知基础上进一步升华对文化的认同与共鸣。

(三) 讲授方式

为了实现上述目标,不同的讲授方式有着相应的具体要求。在国际关系专业课程中讲授中国古代经典有两种基本方式。一种是以专题形式直接讲授中国古代经典,另一种是在讲授传统国际关系专业课程的过程中穿插讲授中国古代经典。

就前者而言,在实际教学实践中,以专题形式对经典著作进行精读或研究性学习通常是研究生培养阶段所实施的教学方式。本科生的基础知识与研究能力还比较欠缺,教师实施这样的教学活动一般来说较为困难。然而,如前文所述,考虑到当下的时代背景与需要,以及学生自身知识面的拓宽,对经典著作进行精读的教学方式有必要、也有可能进行。当然,必须进行有针对性的、全面的教学准备,以达到预期的教学效果。

比如，在教学内容的安排上，首先在导论部分讲授所读经典的基本背景知识以及阅读和理解经典的基本方法，为后续具体文本的教学打下基础。之后在文本精读的讲解过程中，提前给学生布置课前阅读内容，让学生熟悉文本，提升课上讲解文本的效率与效果。最后在总结部分，要能够引导学生回到当下，思考学习中国古代经典的现实意义。

就后者而言，在讲授传统国际关系专业课程的过程中穿插讲授中国古代经典是更为灵活但也更具挑战性的教学方式。它要求教师对相关知识有更为深入的理解，对特定问题的中西比较有一定的敏感性，从而能有的放矢地帮助学生掌握所讲内容。同时，在具体文本材料的选择上也要有一定的技巧，比如不宜选择理解难度过大、展开较为复杂的文本，以免脱离教学内容主线。

三、在国际关系专业课程中讲授中国古代经典的具体实践

如前所述，在国际关系专业课程中讲授中国古代经典和专题形式直接讲授中国古代经典和在讲授传统国际关系专业课程过程中穿插讲授中国古代经典两种基本方式。笔者在所开设的两门课程中分别实践了这两种基本方式。

（一）政治学经典选读

国际关系专业的基础学科是政治学。在长期发展过程中，无论是西方，还是中国，政治学都积累了一批重要的经典著作，以此为基础构建起整个学科的知识体系。对国际关系专业的学生（尤其是本科生）而言，不仅需要以阅读政治学经典为手段普及基础知识、提升综合素质与人文素养的通识性教育，更需要通过认真研读政治学经典夯实政治学根基，建立学科框架与知识体系，从而为专业学习打下坚实基础。以此为目标，笔者开设了政治学经典选读这一课程。对中国古代经典的讲授正是在这门课程中以专题形式来展开的。

在实际授课中，首先遇到的问题就是对所读经典的选择。就一学期的课程而言，如果以历史脉络为主线或者以学科体系框架为着眼点选择阅读多部经典，对所选经典进行概述或摘取若干重要章节来讲解，对阅读基础尚薄弱的本科生来说，很容易流于表面，隔靴搔痒，无法真正领略经典的深刻内涵。如果是集中精读一本经典，则可以深入研读经典的总体思路和具体论述，同时在实际研读中掌握阅读和研究的方法，培养学生的相关能力，甚至形成情感上的共鸣。

笔者在实际教学中选择《论语》作为核心文本。《论语》作为一部极其重要的儒家经典著作，对两千多年来中国人的精神世界和中国社会有着无法估量的影响。同时，它从各方面体现了孔子及其时代对政治的理解与政治理想，对审视今天的政治现实乃至国际关系有着巨大的裨益和价值。另外，作为儒家典籍的入门著作，《论语》在难度上也较为合适，有助于培养学生进一步深入阅读其他中国古代经典的知识基础。虽然学生在最开始可能还难以领会其中深意，但随着课程的展开、阅读的深入，以及对相关背景知识的拓展，经典的丰富内涵将逐渐为学生所接受。

在中国古代经典的具体文本讲述上，要特别注意的是回到文本源头。由于历史与现实的原因，我们今天对中国古代经典的理解已经脱离其产生的背景，因此笔者在教学中非常重视"依经解经"，完全以经典文本进行内在解释，排除似是而非的日常观念与外部臆断理解的干扰，回到关键字词、关键概念的原初含义，真正理解《论语》等中国古代经典的本真含义。

例如《论语》中的"政"。我们今天理解的"政治"与孔子所说的"政"是一回事吗？笔者在教学中以《论语》中孔子对五个人问"政"所做的不同回答揭示出孔子所说的"政"的丰富而深刻的内涵，以及其与今天我们所谓的"政治"之间的异同。

一是鲁国权臣季康子。"季康子问政于孔子曰：'如杀无道，以就有道，何如？'孔子对曰：'子为政，焉用杀？子欲善，而民善矣。君子之德风，小人之德草。草上之风，必偃。'"[1] 这里体现出季康子和孔子两种"为政"的思路，即霸道与王道。在季康子这里，居于第一位的不是人本身，而是他所以为的"道"。人只是手段、工具、附

---

[1] （宋）朱熹撰：《四书章句集注》，中华书局2011年版，第130页。

属品，不合于"道"的就可以杀掉。但孔子以人本身作为一切政治的根本目的，而且这里的人不是静态的对象，而是真正的能动主体。人是可以改变和被教育的，不是单纯地分成有道无道、好人坏人、聪明人笨人。需要注意的是，孔子不是单纯地反对暴力、霸道，而是在面对不可一世的季康子时正面地给出了指导意见。

二是孔子的学生子贡。"子贡问政。子曰：'足食，足兵，民信之矣。'子贡曰：'必不得已而去，于斯三者何先？'曰：'去兵。'子贡曰：'必不得已而去，于斯二者何先？'曰：'去食。自古皆有死，民无信不立。'"① 对于子贡这样有为政之才的学生，孔子纲举目张、循循善诱地进行了指点，强调了在政治中，国防、军事乃至于经济生活都不是最重要的，真正重要的是百姓对为政者的信任、信心。这种层层深入的对话是孔子在面对学生解释"政"时特有的。

三是齐景公问政。齐景公问政于孔子。孔子对曰："君君，臣臣，父父，子子。"公曰："善哉！信如君不君，臣不臣，父不父，子不子，虽有粟，吾得而食诸？"② 面对国君问政，孔子的回答又是另外一种意涵。他暗示了国君的表率作用是第一位的。因为齐景公虽然认可孔子所说的，但在现实中并没有做到。孔子以委婉的方式提醒国君什么是当下政治生活中最紧迫的事。

四是以"叶公好龙"为人所知的叶公。叶公问政。子

---

① （宋）朱熹撰：《四书章句集注》，中华书局2011年版，第127—128页。
② （宋）朱熹撰：《四书章句集注》，中华书局2011年版，第129页。

曰："近者说，远者来。"① 叶公实际上是当时非常优秀的政治家，政绩卓著。因此，对于他的问政，孔子的回答与对季康子的回答不同。季康子本身不正，因此孔子以反问来回答。对叶公，同样是强调德行的重要性，孔子提出了更高的为政追求，希望叶公能更有作为。

五是孔子最出色的学生颜渊问政。颜渊问为邦。子曰：行夏之时，乘殷之辂，服周之冕，乐则韶舞。放郑声，远佞人。郑声淫，佞人殆。② 相对于其他人的问政，面对自己最欣赏的学生，孔子正面及全面地提出了自己的为政与治国理想。孔子特别强调了在夏商周三代制度中要根据实际情况因时取舍。这与我们印象中孔子要复兴周礼的形象是相当不同的。

归结起来，对于季康子问政，孔子点明了两种为政方式的根本冲突；对于子贡问政，孔子阐述了主抓业务；对于齐景公问政，孔子强调了政治的基石；对于叶公问政，孔子提出了理想追求的表现；而对于颜渊问政，孔子全面阐发了自己的政治理想。由这五个孔子对"政"的不同表述，笔者得以引导学生回到《论语》本身对"政"的解释，理解孔子与中国古代真正的"政治观"，从而与西方所讲的"政治"产生对比。

（二）现代西方政治哲学

笔者开设的现代西方政治哲学课程属于国际关系专业

---

① （宋）朱熹撰：《四书章句集注》，中华书局2011年版，第137页。
② （宋）朱熹撰：《四书章句集注》，中华书局2011年版，第153—154页。

课程中以西方政治思想为核心的课程序列，旨在引领学生进入西方政治思想的学科领域与知识体系，熟悉自马基雅维利以来的现代西方政治思想家的著作和思想。在这门课程中，笔者在中西比较中穿插讲授中国古代经典，使学生对这样的思想对话中的相关思想产生更为立体和深入的认识。

如前所述，在如今的现实生活与学科、理论、话语体系的影响下，在政治学的教学，尤其是国际关系专业的教学中，"西学"的内容占据了支配性的地位。而要想真正理解这些内容，我们恰恰要跳出"西学"的范围，以中国古代经典为指引拓宽视野。反过来，这也是以西方为参照物来重新理解我们自身的文化，从而更清楚地洞见我们的文化中真正的智慧与闪光点，同时也对其中隐含的、根深蒂固的问题有所反思。因此，在讲授现代西方政治哲学课程中将中国古代经典中的思想与其进行比较是非常必要的。

以下是实际教学中涉及的一些在中西比较中穿插讲述中国古代经典的案例。在向学生讲授霍布斯思想时，西方认识论中表象与对象的分离是一大重点与难点。霍布斯在《利维坦》中写道："因为这些颜色和声音如果存在于造成它们的物体或对象之中，它们就不可能象我们通过镜子或者在回声中通过反射那样和原物分离；在这种情形下我们知道自己所见到的东西是在一个地方，其表象却在另一个地方。真正的对象本身虽然在一定的距离之外，但它们似乎具有在我们身上所产生的幻象，不过无论如何，对象始终是一个东西，而映象或幻象则是另一个东西。"① 为了帮助学生理解如此抽象的经验论哲学要点，笔者穿插讲述了《庄子》与《楞严经》中的两个段落。

首先从学生相对而言更加熟悉的《庄子·秋水》中"濠上观鱼"的故事引入："庄子与惠子游于濠梁之上。庄子曰：'鯈鱼出游从容，是鱼之乐也？'惠子曰：'子非鱼，安知鱼之乐？'庄子曰：'子非我，安知我不知鱼之乐？'惠子曰：'我非子，固不知子矣；子固非鱼也，子之不知鱼之乐，全矣。'庄子曰：'请循其本。子曰汝安知鱼乐云者，既已知吾知之而问我。我知之濠上也。'"② 学生大多知道这个故事，文本字面上的意思也比较容易理解，而联系到前面霍布斯的论述，学生就会发现，"濠上观鱼"的故事同样存在人作为一个主观的认识者与其面对的客观认识对象之间的关系问题：二者之间有没有不可逾越的界限？由此，笔者进一步解释了惠子与庄子的不同立场与思考模式：对惠子而言，万物在人面前都为彼此泾渭分明的对象，从而陷入不可知论；庄子则没有被束缚在这种困境中，而是进入万物与我为一、彼此在根本上同于大通而没有绝对界限的境界。在这种对比中，学生对霍布斯的思想和西方哲学中的认识论有了更深入的理解，同时也认识到其中存在的问题。

在"濠上观鱼"故事的比较基础上，笔者进一步引入

---

① ［英］霍布斯著，黎思复、黎廷弼译：《利维坦》，商务印书馆1985年版，第5页。

② 陈鼓应注译：《庄子今注今译》（最新修订版）（上册），商务印书馆2007年版，第513页。

国际关系专业课程中的中国古代经典讲授

了思辨性更强的《楞严经》段落来拓深学生的思考："阿难！汝更听此祇陀园中，食办击鼓，众集撞钟，钟鼓音声，前后相续。于意云何？此等为是声来耳边？耳往声处？阿难，若复此声来于耳边，如我乞食室罗筏城，在祇陀林则无有我，此声必来阿难耳处，目连、迦叶，应不俱闻，何况其中一千二百五十沙门，一闻钟声，同来食处。若复汝耳往彼声边，如我归住祇陀林中，在室罗筏城则无有我；汝闻鼓声，其耳已往击鼓之处，钟声齐出，应不惧闻，何况其中象马牛羊种种音响。若无来往，亦复无闻。是故当知，听与音声俱无处所。即听与声二处虚妄，本非因缘，非自然性。"[①] 这一段要表达的意思是，如果声音和人耳是彼此分离的，听见声音是通过某一方向另一方接近而实现的，那么就会有矛盾产生，所以结论就是声音和人耳并没有所谓的"处所"，也并不仅仅因所在位置不同而彻底分开，而是在彼此一体的关系中共同存在。就理解表象与对象的分离而言，这一拓展虽然在理解难度上更大，但基于前面已经初步形成的对中西不同思想方式的理解，这一拓展也并非无的放矢。

在讲解西方政治思想的平等观与背后的政治观时，笔者讲述了《孟子·滕文公上》中关于治人者和治于人者区分的论述："以粟易械器者，不为厉陶冶；陶冶亦以其械器易粟者，岂为厉农夫哉？且许子何不为陶冶。舍皆取诸其宫中而用之？何为纷纷然与百工交易？何许子之不惮

[①] 赖永海主编，赖永海、杨维中译注：《楞严经》，中华书局2012年版，第115—116页。

烦?"曰:"百工之事,固不可耕且为也。""然则治天下独可耕且为与?有大人之事,有小人之事。且一人之身,而百工之所为备。如必自为而后用之,是率天下而路也。故曰:或劳心,或劳力;劳心者治人,劳力者治于人;治于人者食人,治人者食于人:天下之通义也。"[1]孟子的意思还是比较清晰的,所谓治人者和治于人者的划分并不是基于智力差异或其他不平等,而是不同的社会分工。朱熹在此的解释是:"君子无小人则饥,小人无君子则乱。以此相易,正犹农夫陶冶以粟与械器相易,乃所以相济而非所以相病也。"[2]我们可以看出,中国古代对治人者与治于人者的区分保持了相当开放的态度。而西方的理解则非常不同。在西方的政治观念中,政治意味着有着不同身份、利益的群体之间进行对抗和博弈,而智力、地位、财富都可以成为进行区分的依据。所谓平等只是对抗、博弈的附带结果。

(三) 面向留学生的中国传统经典讲授

今天,来华留学人数日益增多。除了专门的中国传统文化课程,在专业课程中引入中国古代经典的讲授同样非常重要。笔者在教学过程中也探讨了向留学生讲述中国传统经典的方法。受中文水平限制,留学生很难在课堂上完全理解教师讲述的中国古代经典的内容,而自学更是难得

---

[1] (宋)朱熹撰:《四书章句集注》,中华书局2011年版,第241页。
[2] (宋)朱熹撰:《四书章句集注》,中华书局2011年版,第241页。

其门而入。因此，笔者设计了中外学生合作表演这一学习形式。首先，分成若干学习讨论小组，每个小组由一位留学生和若干中国学生组成。中国学生在向留学生解释经典文本的同时也强化了自身对经典的理解，从而实现在互相帮助中共同学习进步，在讨论中学，在教中学。其次，具体到学习内容而言，每组选定《论语》中的一章作为短剧表演的基础文本，通过若干次集体学习讨论，使全体成员充分理解所选内容及其中每一个字词的含义，然后在此基础上结合文献材料与适度想象，以符合《论语》及本章精神的方式适度拓展剧情，完成剧本。最后，每个小组进行现场表演展示。在这个过程中，留学生能够对中国古代经典产生亲近感，同时也在共同讨论和学习中增进与中国学生的友谊。

四、结语

中国古代经典是我们文化中不可忽视的重要智慧资源。在如今的世界中，这一点显得尤为重要。国际关系专业的教学必须以更广阔的视野将这一智慧资源纳入其中。无论是对于学生培养，还是对于国际关系的学科建设与中国化，抑或对于重新发掘中国古代经典本身，国际关系专业的教师都任重道远、责无旁贷。

教育数字化与高校互动课堂建设微探*

教育数字化是"加快数字化发展""建设数字中国"国家战略的重要战略行动之一，是以技术赋能破解传统教育、教学难题，加速推进我国在教育领域面向信息化、技术化、现代化转型的重要变革与创新。2022年全国教育工作会议明确提出"实施国家教育数字化战略行动"。①《教育部2022年工作要点》进一步提出，以"实施教育数字化战略行动"为教育发展持续注入强大动力，积极发展"互联网+教育"，加快推进教育数字化转型和智能升级。②《教育部高等教育司2022年工作要点》也提出"全面推进高等教育教学数字化，加快完善高等教育教学数字化体系，提升数字化应用能力、治理能力和国际影响力"。③ 中国共产党第二十次全国代表大会报告更首次写入"推进

---

* 本文作者：王子涵，北京第二外国语学院政党外交学院讲师。
① 《2022年1月教育信息化和网络安全工作月报》，教育部网站，http：//www.moe.gov.cn/s78/A16/gongzuo/gzzl_yb/202203/t20220324_610398.html。
② 《教育部2022年工作要点》，教育部网站，http：//www.moe.gov.cn/jyb_sjzl/moe_164/202202/t20220208_597666.html。
③ 《2022年2月教育信息化和网络安全工作月报》，教育部网站，http：//www.moe.gov.cn/s78/A16/gongzuo/gzzl_yb/202203/t20220324_610399.html。

教育数字化",并提出"教育、科技、人才是全面建设社会主义现代化国家的基础性、战略性支撑"的"三位一体"统筹安排与部署,[①]突显教育数字化在发展战略上的广泛共识与时代内涵。特别是自2020年新冠疫情发生以来,教育数字化已在世界各国高校教学活动中广泛应用,在保障教学实施、改进课堂教学模式等方面发挥了重要作用。

一、教育数字化与高校育人"三重转变"的思考

随着中国高校教育进入发展新阶段,面对当代大学生特性转变与传统课堂教学困境的双重挑战,更新教育理念、创新教学模式成为高校教师普遍面临的重要命题。一方面,在网络化、信息化时代,当代大学生作为"网络原住民""云端冲浪人"能够使用便利的信息化手段,从多种渠道及时地、快速地、广泛地获取信息和更新知识,成为当代大学生的显著特性。另一方面,传统人才培养模式相对当代网络化、信息化的时代特性已显现出一定的不适性。

多年来中国大力推进教育数字化战略行动进一步加深和突显当代大学生网络化、信息化的时代特性。国家积极

[①]《习近平:高举中国特色社会主义伟大旗帜 为全面建设社会主义现代化国家而团结奋斗——在中国共产党第二十次全国代表大会上的报告》,中国政府网,http://www.gov.cn/xinwen/2022-10/25/content_5721685.htm。

推进以信息化为主导的教育新型基础设施建设，聚焦信息网络、平台体系、数字资源、智慧校园、创新应用、可信安全等方面的新型基础设施体系。① 5G、大数据、人工智能等新技术手段在教育领域的应用积极带动"互联网+教育"的快速兴起与发展。"国家精品开放课程建设计划"的实施，"国家高等教育智慧教育平台"的推出，高校智慧校园建设下新型教学、科研基础设施的升级，形成数以万计的精品网络视频公开课、MOOC，及其集成网络教育资源的共建共享大平台，创新了高校教育资源的供给模式，加速了高校优质教育资源的共享，也打破了传统高校教学与大学生学习的时空限制和活动边界，为学生自主学习与个性化学习提供便利渠道。如截至2022年11月，中国MOOC数量已达到6.2万门，注册用户4.02亿，学习人次达9.79亿，在校生获得MOOC学分认定3.52亿人次，MOOC数量和学习人数均居世界第一。②

高校传统课堂与传统育人模式的不适性体现在教师单向传授知识，即教师以"教"为主，学生默默听讲、不言一语的教学图景的呈现，构成传统教学模式单一、课堂互动范围有限的困境。一些专业基础课程具有搭建学科知识体系、知识点密集的属性，易出现保证课程知识量与保障学生参与度二选一的两难状态；造成以学生为中心的主体地位及学生以"学"为主的人才培养模式的相对不足。在

---

① 《教育部等六部门关于推进教育新型基础设施建设构建高质量教育支撑体系的指导意见》，教育部网站，http://www.moe.gov.cn/srcsite/A16/s3342/202107/t20210720_545783.html。

② 《我国慕课学习人次达九点七九亿》，教育部网站，http://www.moe.gov.cn/jyb_xwfb/s5147/202301/t20230103_1037816.html。

线课程建设中则依托网络与屏幕连接放大了教师与学生的空间隔断，可能进一步产生学生课堂参与率降低、师生互动不足等问题。无法充分满足网络化、信息化时代下学生的多元诉求，以及人才培养要紧跟时代发展步伐的切实需求。

对于当代大学生特性的转变，以及传统课堂教学困境的双重挑战，高校教育的探索与创新已然紧迫。因而，从顺应时代发展需要、教育发展新阶段需求，以及把握当代大学生群体特点与未来发展期待的角度，进行高校育人的三方面思考与实践，即以教育理念转变为引领、教师角色转变为主线、教学模式转变为重点的"三重转变"。

在教育理念上，从以"教"为中心转向以"培"为中心，从注重知识传授向强调培养学生思维、能力和素养方向转变。一是尊重特性，培养学生在便利的信息化手段和海量的信息化浪潮中锻炼独立思考能力与积极的思辨能力，在不断强化个人知识储备的过程中锻炼批判性思维和创造性思维；二是贴近实际，关注理论与现实间的迁移性，将所学专业与国家经济社会发展、民众的生产生活紧密结合，在学中用、在用中学，形成发现问题、分析问题和解决现实问题的能力；三是关注成长，以核心素养培养为根本，以专业素养培养为养分，以融合思维与能力的综合素养为核心竞争力，促进学生的全面发展，逐步成长为能够担当民族复兴大任的时代新人。

在教师角色上，从传统的知识权威向思路的提供者、知识的启发者转变，使传统课堂从以教师为核心转变为以学生为核心。教师创造和带动良好的参与和讨论氛围，激发学生学习热情与潜能，指导分析问题的思路与方法，获取和判断信息的有效策略与价值方向，帮助解决学生在学习过程中可能遇到的误区和盲点。

在教学模式上，从单向的大水漫灌式教学向双向的互动参与式教学转变，从传统的"情景剧"式课堂向能够讨论交流的"互动剧"式课堂转变。这种新型教学模式的探索与尝试有赖于数字化手段对教学改革的深刻影响，助力形成教学有"术"，即通过运用数字化技术手段进行教学及教学资源的开发，实现课堂教学的网络化、智能化，为学生创建可供开放、参与、交互的方式和渠道，从而实现通过数字技术对高校教学流程的重塑与教学模式的重构，促进教学创新与改革，达到对传统教学课堂的转型与升级。

二、教育数字化与高校传统课堂再造

针对高校育人与传统课堂的转型和升级，在近年来大规模在线教育的广泛实践上，涌现出一批成功与智慧的方案。直播式教学、混合式教学、融合式教学、全球融合式课堂和翻转课堂等教学创新实践，通过开发建设数字资源，优化整合学习资源为促进学习范式、教学范式的发展革新进行了有益尝试。智慧辅助教学平台"雨课堂"，智慧辅助教学工具"弹幕"等技术开发应用，为实现网络直播教学、网络视频教学的在线讨论与师生互动，实现线上线下教育教学的深度融合，增强教与学的双向流动提供了技术支持。教育领域依托信息技术完成多方面的改造与提升，传统教学运用大数据资源推动全方位的改革与优化。技术发展与教育数字化的演进成为高校育人与传统教学困境破局的关键，为重构高效传统课堂提供了有力支撑。

基于教学理念、教师角色、教学模式的"三重转变"与技术赋能，通过教学组织方式与教学方法创新实现对传统课堂教学的改革，以运用启发—引导式教学设计＋智慧辅助教学工具的方式，打造学生主体中心，交互参与讨论，开放共享的启发—参与式互动课堂；实现课堂教学由点到面，从小范围互动到大范围互动，从静态教学到动态交互的深入转变；将传统的一对一、一对二的教学情境转变为一对多，扩展课堂维度、激发课堂活力，以革新高校传统课堂教学模式建构教学新形态。

启发引导教学设计与智慧辅助教学工具相配合。首先，凭借智慧辅助教学工具，如弹幕功能，作为实现教学模型中教师与学生从"1对1"到"1对n"有效互动的放大器，弹幕是悬浮滑动于屏幕上方的实时互动方式，一种广受当代年轻人欢迎的信息化技术手段，能够针对当前内容同步文字评论与情感话语表达，应用于多种类视频播放网站与原创视频发布平台，并开发集成于雨课堂等智慧辅助教学平台，作为辅助课堂教学实时互动的技术工具，适用于远程在线教学、线上线下混合教学及传统线下课堂教学等情境，帮助实现师生"1对n"的实时发言与互动交流。

其次，从常识性问题确定课堂教学起点，发起讨论，开启弹幕功能，由学生表达个人意见和情感，屏幕呈现丰富化、个性化的直观实时评论。其中高频词汇构成词云作为关键信息结合教学内容进行跟踪反馈，鼓励学生认真思考、积极发言，构成师生间互动第一维度。

最后，关于课堂教学起点的常识性问题，通常具有明确的逻辑内涵或既有的客观事实对照，其作为预设方向结合教学目标与词云设计引发第二问题，发起二次弹幕讨论。一方面，根据二次弹幕讨论的词云和关键信息做跟踪反馈；另一方面，对于第二问题的逻辑关联预设可能出现的讨论立场，并结合教学目标与词云形成第三问题的教学设计。就此重复形成嵌套问题设计与持续的师生交流，构成互动课堂的第二维度。

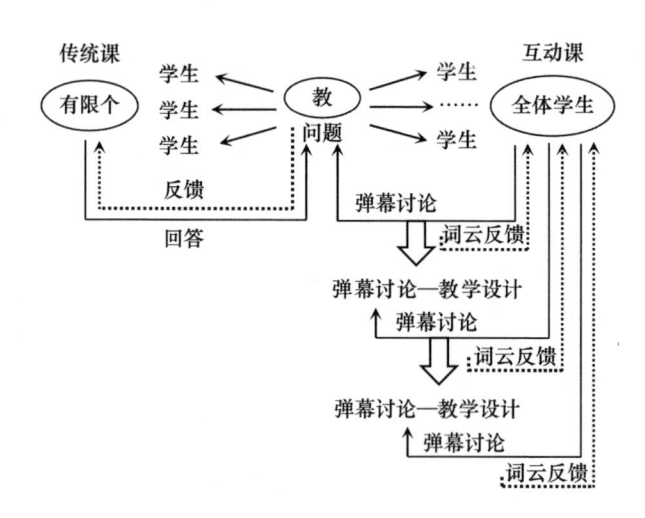

图1 启发—参与式互动课堂模型

但在教学实践及智慧辅助教学工具的相关研究中，如中国传媒大学学者通过对弹幕文本分析的研究表明，应用弹幕功能的教学过程易出现师生双方偏离预设教学目标的隐患与威胁，提出教师应在教学中注重唤醒学生的问题意识，以问题为导向，引导学生以逻辑分析和系统思维等方式尝试解决教学中的重难点问题，进行"秩序重建与融合创生"的逻辑链接式的探索性互动，并对解决问题的关键逻辑关联和核心思维流程进行拷贝，以达成学生紧贴问题中心、不偏离既定目标的学习效果。[①] 这既为解决智慧辅助教学工具在教学中应用可能产生的偏离性隐患提供了很好的思路，也含蓄地指出配合使用智慧辅助教学工具的启发—引导式教学潜在的重、难点问题，即对教学设计和教学过程把握更高要求。

因此，启发—参与式互动课堂模型的重难点在于启发—引导式嵌套问题作为核心环节在教学设计上的精细化问题，使其既要与弹幕讨论进行比较分析，具有较强的逻辑关联，又要紧跟教学目标与培养目标达到目标的一致性与可行性。从"常识性"问题向"知识性"问题，再向培养"思维性""能力性"和"素养性"问题逐步深入；从"激发参与兴趣"向"加深专业理解"，再向"解决实际问题"逐级上升。破除传统形式化的教学策略，促进教学理念、教师角色的转变，实现学生价值能力、学科核心素养的有效转化落实，构建新型教学模式及教与学关系，以培养更符合时代特征及需求的高质量人才。

---

① 沈浩、梁莹：《在线教学有效策略探索——基于哔哩哔哩网站在线开放课程"教育学"的弹幕文本分析》，《电化教育研究》2022 年第 11 期，第 73 页。

三、数字化应用与互动课堂建设实践

启发—参与式互动课堂模型的优势是较传统课堂参与的单向—循环转变为双向多循环的互动交流，不仅增进教学主体双方交流的质感，提升教学的参与度与有效性，还加入了学生随时进行情感表达与情感交互的重要功能，缩短教师与学生、学生与学生之间的情感距离。基于该模型，选取2022年春季学期一专业基础课在线课程为建设与实验对象，依托雨课堂开启直播弹幕功能，共开课16次，师生互动1793次。其中设置A组5周课程，共10课时进行启发—参与式互动模型建设课堂，采用启发引导教学设计与智慧辅助教学工具相配合的教学模式；设置B组5周课程，共10课时采用智慧辅助教学工具与传统授课方式。

表11　启发—参与式互动课堂建设统计数据

	A组			B组		
	出勤人数	弹幕总量	有效讨论量	出勤人数	弹幕总量	有效讨论量
1	61	257	173	61	72	32
2	60	127	71	59	72	28
3	60	227	177	60	87	39
4	61	114	98	61	55	20
5	61	141	91	60	74	39

根据表中数据显示，在出勤人数大致相同的情况下，采取启发—参与式互动课堂建设的弹幕总量和有效讨论量远高于传统授课方式。教学过程中嵌套问题结合弹幕发言的反馈、多层嵌套与启发思考追问有效地增加了师生的互动交流与学生的跟进讨论。嵌套问题数量的增加与思考深度的增强能够促进弹幕总量和有效讨论数量的增多。学生表现出较高的讨论热情，展现出独立思考能力、批判性思维及学科核心素养，极大地帮助了教学目标与培养目标要求的实现。同时，在讨论热度较高的互动课堂建设中，学生在离开智慧辅助教学平台时与教师告别问候也明显增多。这在一定程度上表明了学生的态度，乐于且勇于探知与思考，并具有较强的情感表达欲望。反之，教学内容难度与嵌套问题深度的程度不同则影响了讨论量与有效讨论量的波动，存在相应的稳定性问题。

在统计指标中，有效讨论量为围绕教学内容与启发、引导问题开展的讨论，包括问题集中讨论和情感表达讨论。通过情感表达讨论能够了解学生对课程内容的理解和感受、对课程进度的把握与评价，特别是能够了解学生对于理论结合现实问题讨论的价值观点。在整体的讨论中还存在部分略偏离或偏离教学内容与启发、引导问题的发散性讨论。这种情况在采取传统教学方式的课堂中体现较多，主要是因为学生缺乏问题引导及其带动引申的问题意识，而更多集中于教学内容进行发散性讨论或发言。过多发散性讨论或发言又可能存在影响或分散学生注意力的负面效果，反映出数字技术应用的另一面。

四、互动课堂建设效果与评价

尽管数字技术在教育领域的应用还存在较多问题，遇到困难或被质疑，如关于在线课程建设中"实体"人缺失导致的临场感、真实感不足，因缺乏面对面的对话与监督导致的重视度、集中度的下降，在线教学与在线学习的质量如何等诸多讨论。[①] 但教育领域的数字化转型是应网络化、信息化时代以及当前社会经济发展需求之趋势。新技术、新手段为传统课堂向互动课堂的转变注入新机能，在改进教学方式、教学策略等方面创建新路径。通过模型模拟与教学实践，智慧辅助教学工具的应用既能够较好地满足学生的期待和需求，使课堂活起来、动起来，又不会过分削弱强体系性、知识密集型的基础课程的理论优势。因而就互动课堂建设而言，创建了完善教学模式与提升教师能力两条渠道。

第一，与传统课堂相比，互动课堂的突出优势在于在师生交互过程中所产生的大量实时数据能够形成教师专属"自建"数据库。智慧辅助教学工具应用形成的互动过程与评论内容能够通过教学平台保存记录。每周课程形成一个"小数据库"，整合全部"小数据库"即能建立具有丰

---

① 翟雪松、楚肖燕、王敏娟、张紫微、董艳：《教育元宇宙：新一代互联网教育形态的创新与挑战》，《开放教育研究》2022 年第 1 期，第 34—42 页；聂建峰、蔡佳林、徐娜：《我国高校在线开放课程建设与应用的问题分析和改进策略》，《国家教育行政学院学报》2020 年第 4 期，第 60—65 页。

富"自建"资源的"大数据库",作为课程优化反馈的重要依据,为复盘和完善互动过程与问题设计、教学目标与培养目标提供有力支撑。

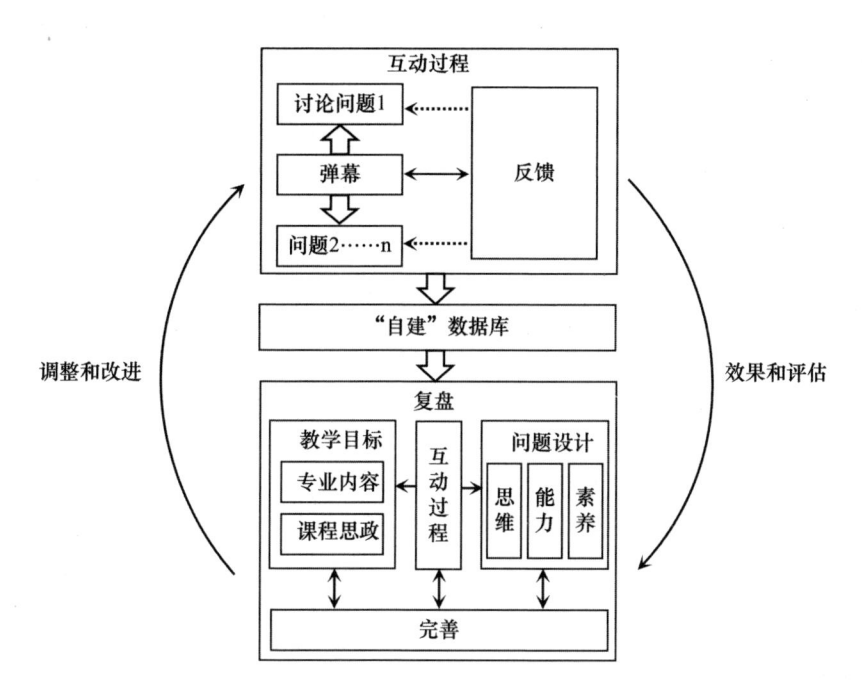

图 2 互动课堂建设实施反馈模型

回顾全部互动过程:首先,能够评估、确定课堂教学起点的常识性问题,思考难度逐步加深的知识性问题等嵌套问题是否能带动讨论、带动效果如何。其次,教师在一轮、二轮至多轮学生讨论中,是否基于实时讨论即时反馈学生对课程内容的理解与感受。再次,教师是否根据实时讨论的高频词、关键词、发散讨论词和情感表达词等进行针对性反馈,并根据上述文本语言把握学生对内容的理解和价值观点,从而做出相应的指导。最后,教师通过对学生实时讨论或评论发言内容的回顾，提炼、综合不同的学生观点，了解全体学生对教学进度、难度等方面的接收程度、理解程度和感受。据此评估嵌套问题设计效果，优化和完善问题设计与教学设计，更新教学内容与调整教学节奏。

根据实时评论中反复出现的突出疑难点和文本关键点，教师能够了解和评估学生对重难点内容的理解程度与看待现实问题的价值观点，分析学生对于教学目标和培养目标的接受程度、达到程度及目标落差。以此为抓手"以学定教""因材施教"，评估和整合教学内容，完善问题设计和互动流程。一方面，推动课堂教学提质增效；另一方面，帮助学生有效理解和应用理论知识，培养其获得成长、发展应具备的和国家社会发展所需要的重要思维、关键能力与核心素养。

第二，网络化、信息化时代，在教学过程中熟练运用新技术、新手段改革教学模式是提升教师能力的题中之义。首先，以技术为导向，加强教师的数字化教学技能。如学者指出："目前高校教师在数字技术应用方面仍存在不足，如知识获取、传递、分析、应用等方面处于劣势，亟需主动学习数字技术，提升对数字技术的认知，强化数字技术应用能力，在转变教育观念的同时，提高自身的数字化教学胜任力。"[1] 这点明实现信息化引领和带动教学领域的改革创新，实现更有效率、更高质量的课堂建设需不

---

[1] 宁连举、刘经涛、苏福根：《高等教育数字化转型：内涵、困境及路径》，《中国教育信息化》2022年第10期，第3—10页。

断提升教师的数字化能力。其次，以问题为导向，积极复盘教学情况，了解和掌握学生对于教学内容的理解程度，追踪互动过程的情况，进行问题与教学优化。再次，以需求为导向，拓展课程思政思路，了解和分析学生的思想困境与价值观点，对学生的疑惑予以解答，针对性地进行课程思政解读和引导。最后，以效果为导向，巩固互动课堂成果，把互动过程中有争议的内容作为课后讨论巩固教学效果。因而在问题设计环节需要有意识地添加具有挑战性和争议性的问题，增加讨论难度和思考深度。这就需要教师在相关科研领域深入研究、投入教学之中，体现教研相长的重要内涵。此外，教师在建立专属数据库外，依据弹幕溯源还能建立针对学生个体的专属信息库，更深入地了解学生的兴趣、能力和愿望，持续追踪学习情况，不断优化调整教学方案与模式，建设高质有效的启发—参与式互动新课堂。

案例教学法的运用研究

——以对外政策分析课程为例[*]

外交学专业具有政治性、理论性、现实性、实践性强等专业特点，这决定了外交学专业培养人才的特殊性：除了要掌握丰富的人文社科通识知识和国际关系外交学的专业理论知识外，还应具备外交、外事、外语等职业能力、专业素养与实践技能。对外政策分析课程是外交学专业必修课，旨在研究对外政策如何制定和形成。根据教学目标和内容的需要，该门课程的设计需紧密结合历史案例、外交史实与时事热点，不但要让学生学习、掌握完善的人文社科知识结构，运用大量实证案例考察并检验理论的适用性，而且要让学生在研究、分析、批判具体的对外政策中掌握外交、外事实践工作本领。因此，案例教学的综合运用成为课程建设的核心方法之一，通过双语时政讨论、案例研究、案例演示、情景模拟、案例点评等综合教学活动，围绕对外政策分析的理论知识与案例，提升学生将理

---

[*] 本文作者：张小庆，北京第二外国语学院政党外交学院讲师。

论运用于实践的综合素养。

一、案例教学法

"案例"是案例教学法的核心。国外关于案例的定义有特定情境说、事物记录说、故事说、多重含义说等，认为案例就是为了一定的教学目的，围绕选定的一个或几个问题，以事实为素材而编写成的对某一实际情景的客观描述，具有真实性、完整性、典型性、启发性等特点。[1] 也有学者认为案例是包含有问题或疑难情景在内的真实发生的典型性事件。[2] 因此，案例的研究对象既可以是人、组织或团体，也可以是事件本身。从概念上来讲，狭义的案例仅指具有既判力的法律文书，而广义上任何虚构或非虚构的事件或情境都可成为案例，在以事实为基础的部分学科更强调案例的真实性。[3] 案例教学法可追溯至古希腊苏格拉底，其作为一种科学教学法最早由哈佛大学法学院前院长克里斯托弗·哥伦布·兰代尔提出，在1870年应用于法学教育中后被广泛推广至管理学、医学、经济学、社会学等学科教育中。中国《教育大辞典》将该教学法定义为，"高等学校社会科学某些科类的专业教学中的一种教

---

[1] 张家军、靳玉乐：《论案例教学的本质与特点》，《中国教育学刊》2004年第1期，第48—50页。

[2] 郑金洲：《案例教学：教师专业发展的新途径》，《教育理论与实践》2002年第7期，第36—41页。

[3] 宋文龙：《高校社会科学课程中的案例教学：实践困境与改进方向》，《现代教育科学》2019年第11期，第93—99页。

学方法，通过组织学生讨论一系列案例，提出解决问题的方案，使学生掌握有关的专业技能、知识和理论"。① 教育部在 2015 年公布《教育部关于加强专业学位研究生案例教学和联合培养基地建设的意见》（简称"意见"）提出："案例教学是以学生为中心，以案例为基础，通过呈现案例情境，将理论与实践紧密结合，引导学生发现问题、分析问题、解决问题，从而掌握理论、形成观点、提高能力的一种教学方式。加强案例教学，是强化专业学位研究生实践能力培养，推进教学改革，促进教学与实践有机融合的重要途径，是推动专业学位研究生培养模式改革的重要手段。"②

由此，案例教学法需按照案例本身的特点及特定的教学目标开展，需要以多方参与的互动形式开展。案例教学法旨在帮助学生更好地理解复杂事件，描述事件内部的进展；让学生讨论政策与决策背后的政治或社会主导意识形态；学生可以在掌握更多信息的条件下充分参与课堂讨论。本文认为从广义上来看，案例是对人、团体等行为体或事件在某一实际场域发生行为过程的客观观察。案例教学法是选取符合教学目标的案例，以分析、诠释、问答、推理、讨论等多方互动形式开展的教学方法，旨在通过多元视角还原某一实际场域下行为体的行为或事件的发展并揭示促使案例结果发生的因果机制。在此定义下，教师有

---

① 王青梅、赵革：《国内外案例教学法研究综述》，《宁波大学学报（教育科学版）》2009 年第 3 期，第 7—11 页。

② 《教育部关于加强专业学位研究生案例教学和联合培养基地建设的意见》，教育部网站，http://www.moe.gov.cn/srcsite/A22/moe_826/201505/t20150511_189480.html，2015 年 5 月 11 日。

责任确立清晰的教学内容与目标，确立案例教学的主要理论视角，引导学生基于档案、研究论文、纪录片、回忆录等权威资料，还原案例发生场域、人物或团体参与推进事件发展的过程。

双语案例教学法是运用除母语以外（主要是英语）进行案例教学的授课方式。二外政党外交学院成立于2015年12月，旨在以"专业+语言""专业+区域国别""专业+跨文化交流"等鲜明办学特色为国家与国际组织输送外交外事专业人才。在多年的建设中，学院已具备良好的跨语言教学基础，本科生不仅要学习国际政治、国际事务与国际关系、外交学等专业知识，还要参与英语专业课程的学习，大部分同学在大一年级参加大学英语四级考试，大二年级参加大学英语六级考试，具有良好的英语听、说、读、写能力，基于此，学院在大二年级开设双语外交学专业课程——对外政策分析。在对外政策分析课程搭建过程中将英语纳入课程语言，旨在强化学生运用英语查阅档案、检索文献、阅读原始资料的能力，增强学生外交专业知识的英文表达。

二、对外政策分析课程与案例教学法的结合

早期中国的国际研究受欧洲的影响，多使用外交学的概念。中国外交学专业是伴随中华人民共和国成立而建立起的社会科学专业。自1949年11月8日，周恩来在外交部成立大会提出创立新中国的"外交学学科"以来，我国

外交学的发展极其迅速，21世纪初在全国范围内出现了一股外交学研究热和教学热。①截至2022年开设外交学本科专业的大学有：北京大学、外交学院、中国人民大学、北京外国语大学、北京第二外国语学院、厦门大学、吉林大学、天津外国语大学、上海外国语大学、武汉大学、四川外国语大学、西安外国语大学、广东外语外贸大学、国防科技大学、大连外国语大学等，外交学已在全国重点的外语类学院生根发芽。但就专业建设情况，有学者指出外交学课程设置存在"重政治导向轻外交学术、重政策解释轻理论分析、重中国特色轻外国经验、重具体过程轻学理方法、重现有经验轻创新线索"的问题②。在教学方法上，外交教学存在着中国外交研究与国际关系研究的结合程度不够，与政治学等社会科学的结合程度也不高等问题。教学界仍主要运用传统的历史研究方法，对理论分析工具和案例教学缺乏足够的重视，而且在理解上也存在一定的偏差。③从外交学与英语专业的交叉渗透来看，国内目前的专业交叉渗透研究主要集中在理工科，应用于政治学方面的实践较少。④北京外国语学院、四川外国语学院、广东外语外贸大学等外语类院校具有明显的双语教学优势。

---

① 张历历：《新中国外交学学科建设与研究》，《外交学院学报》2003年第3期，第36—43页。
② 王逸舟：《外交知识刍议》，《国际关系研究》2021年第2期，第3页。
③ 肖晞：《当代中国外交教学的缺失与启示》，《世界经济与政治》2010年第5期，第66页。
④ 陈广猛：《外交学、英语专业课程的交叉渗透研究——以"美国政治与外交"课程为例》，《牡丹江大学学报》2016年第3期，第171—173页。

对外政策分析理论与外交学有联系也有区别，将其纳入外交学的专业课程学习有学理意义。当前中国的国际研究受美国的影响，多数研究把对外政策和外交学看作是国际关系的分支学科。实际上，对外政策研究和国际关系理论有密切的关系，但从研究角度看，对外政策分析的分析层次、解释变量、关注焦点均有所不同。从联系上来说，国际关系行为体中的互动主要是通过行为体的对外政策和外交行为体现出来，国际关系的格局是对外政策制定的环境，是影响对外政策制定和形成过程的重要因素，也是执行和落实对外政策的外交所发生的客观环境或操作环境。从区别上来看，国际关系研究对象是国家间的互动，解释变量在于揭示国际体系的结构性特点，属于宏观和体系层次的理论，而对外政策研究对象是国家行为，解释变量在于国家行为背后的机制，因此属于中层理论。[①] 依据对外政策分析与外交学粘性较强的特点，教师在制定教学目标、教学内容与教学方法方面需要搜集大量的档案、外交史料等文献资料，并通过案例分析揭示理论蕴涵。

张清敏老师是国内最早将对外政策分析课程引入本科生课堂的学者，他在专著中介绍了对外政策分析的理论和方法，并在学术论文中娴熟运用对外政策分析提供的方法工具进行实证性研究。鉴于对外政策分析理论是全盘引入，教学中不少案例依托于英、美等国国际关系学科史料，张清敏老师将中国当代外交实践运用至对外政策分析课程，为对外政策分析理论摆脱"北美偏见"做出贡献。

---

① 张清敏：《对外政策分析》，北京大学出版社2019年版，第3—7页。

如在研究政策制定者与对外政策的章节中研究"人与环境关系"时，运用"毛泽东与周恩来处理与环境的差异"案例，通过展示1973年英国前首相希思来华访问时毛泽东与周恩来就礼宾安排问题的谈话，反映两位领导人不同的人格特点。在政府政治与对外政策的章节中，以"美国轰炸中国驻南联盟大使馆决策组织过程"为例，认为美国有关决策部门在三个程序上的重大失误是造成空袭的主要原因。而"美国总统人格差异与美国对华政策的不同官僚政治"的案例体现出从卡特、里根到布什在任期间，不同人格特点塑造了不同官僚决策系统与模式，从而产出不同的对华政策。[①] 上述表明，对外政策分析理论具有非常显著的理论工具性，中国当代外交丰富的实践是对外政策分析课程丰富的案例宝藏库。

三、对外政策分析课程中案例教学法的课程实施

课程组织要关照学科自身的逻辑，也要考虑学习者的认知特征、兴趣需要以及环境中课程资源的可能性。[②] 对外政策分析课程共计37个学时，笔者作为对外政策分析课程教师，在课程设计中按照教材逻辑将教学模块分为：课前时政案例讨论、教师讲授经典案例、小组讨论案例展

---

① 张清敏：《对外政策分析》，北京大学出版社2019年版，第59页。
② 吕立杰、袁秋红：《校本课程开发中的课程组织逻辑》，《教育研究》2014年第9期，第96—103页。

示、沉浸式情景模拟及英文论文和短评考核五大模块。在讲授对外政策分析基本理论时，笔者将英文时政讨论作为课堂导入，增强学生对当下外交实践的关注，鼓励学生结合课程所学形成自身见解，通过课堂讨论互相切磋。学生案例演示课程安排在第5、7、9、10周，选取全球热点外交事件，鼓励学生运用对外政策分析理论工具进行团队合作与小组讨论，并将最终成果以英文汇报的形式展示。沉浸式情景模拟课模块贯穿教学过程始终，鼓励学生在前期大量阅读案例相关文献，选取特定的角色人物进行真实模拟案例讨论的模拟演练。考核环节分为期中考核与期末考核，期中考核以英文论文的形式提交，在期末考核中加入案例点评的考察环节，要求学生发表英文时评。在授课过程中不仅需把握对外政策分析的理论性，还应通过丰富的案例设计启发学生理解中国外交实践，引导学生通过详细、深入地研究中国外交案例，为构建中国对外政策分析理论范式做出努力。

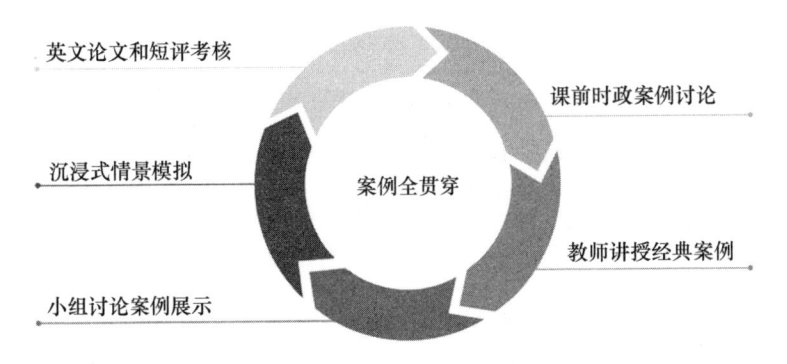

图3 对外政策分析课程案例教学法的应用

（一）基于事实的时政分析训练：以英文讨论作为课堂引入

当前国际形势处于百年未有之大变局，外交是最有活力的社会实践活动，不断跟随时代以及世界格局的变迁而变化。理解当下，理解中国，需要具备全球格局的知识结构与理论工具，更需要超越西方中心主义的思辨能力。课程选取以英语为报道语言的国际媒体对国际事件的报道为基础学习材料，旨在让学生拓展学科视野，增进理论与现实的联系，更深刻理解国际现实与中国现实，在理论自觉中理解当代中国与世界。在课程开始之前，笔者组织学生针对近期发生的全球性及地区性外交事件进行转述与点评。在秋季学期的讨论中，学生在 10 次课前讨论中关注的热点话题有：俄乌冲突、中国共产党第二十次全国代表大会、韩国梨泰院踩踏事件、英国女王逝世、英国首相更替、安倍晋三被刺杀、北溪管道爆炸案、巴西大选、习近平主席出访 G20 峰会、世界杯等。引述的主要媒体有：新华社、《环球时报》、《人民日报》、《中国日报》等中文媒体的英文报道以及来自有线电视新闻网（CNN）、英国广播公司（BBC）、路透社、美联社、塔斯社等外媒报道。每次讨论时常为 20—40 分钟，有 10—20 位同学参与讨论，邀请其余同学对不同新闻角度或事件其他相关信息进行补充，笔者与学生进行互动式讨论。

在基于事实的英文时政讨论中，充分调动学生参与课堂的热情与积极性，在循序渐进的讨论中，学生的参与状态、目标语言、信息来源与表述观点方式均发生转变：从被动参与到主动搜集信息、带着话题参与课堂讨论，由中英夹杂表达到纯英文表达，从引述自媒体信息到引述多家媒体有信度、高质量的消息源，由原文照搬到结合理论知识输出自身见解。通过一个学期的方法引导与互动讨论，学生能够主动结合研究兴趣，持续关注地区议题，自主进行延伸性阅读与课后探讨，最终形成学术论文。

（二）基于方法论的案例分析讲授：过程追踪法与中国案例

过程追踪通过具体的、历时性的个案研究考察原因与结果通过什么样的因果机制连接起来，从而形成完整的因果链。[①] 这种案例研究的方法发端于20世纪70年代，由亚历山大·乔治率先将心理学的方法应用于外交政策分析领域，如今已成为该领域普遍采用的个案研究方法之一。[②] 对外政策分析课程的讲授既要学生懂对外政策分析理论，也要兼顾对外政策分析研究方法的普及与应用。教材中有大量基于西方对外政策经验形成的成熟经典案例，如亚历山大·乔治夫妇对于威尔逊总统的研究、格雷厄姆·艾立森对古巴导弹危机的研究等。基于档案解密条件与既往文献的积累，大部分对外政策分析课程中运用

---

① 汪卫华：《拆解过程追踪》，《国际政治科学》2022年第2期，第156—178页。
② 亚历山大·乔治对外交政策分析过程追踪法的最早表述见 Alexander L. George, "The Causal Nexus Between Cognitive Beliefs and Decision‑Making Behavior: The 'Operational Code' Belief System", in Lawrence S. Falkowski ed., Psychological Models in International Politics, Boulder, Colo.: Westview Press, 1979, pp. 95–124。

的典型案例对象均为美国政府的对外政策，中国案例在对外政策分析课本中占比较小，但仍为对外政策分析摆脱"北美偏见"做出了重要贡献。中国案例主要依托党史文献资料、国家领导人文选材料、政府文件、解密档案、外交官回忆录、既往学者研究文献等资料形成；关注议题有：中国对外战略研究、毛泽东与周恩来对环境认知的不同、美国轰炸南联盟大使馆事件说明组织过程对决策的影响等典型案例。笔者结合文献与影像资料回顾历史事件，运用过程追踪法追溯自变量与因变量的因果影响，分析自变量间的共变关系，解析因果机制。在理论、案例与研究方法的浸润中，使学生形成理论自觉与方法自觉，在课下交流中自觉思考理论在中国的适应性，尝试将中国实践提炼为案例、构建中国对外政策分析理论的可能性。

（三）基于合作学习的案例任务：小组学习与课程展示

合作学习是旨在通过师生互动、生生互动等方式激发全体学习者共同学习的愿景，是教师指导下学生之间、小组学习者之间的合作互助性学习活动，需要教师事先设置问题、分配学习任务和预设展示内容的学习活动。[1] 通过了解学生的研究兴趣，笔者设计十个案例任务，由学生自由分组选取五个话题：美国从阿富汗撤军的决策、

---

[1] 罗伯特·E. 斯莱文、王红宇：《合作学习与学生成绩：六种理论观点》，《外国教育资料》1993年第1期，第63—67页。

英国女王葬礼外交、欧洲能源危机、新加坡对外政策选择、西方国家对俄罗斯的制裁。有效的课堂讨论将小组展示案例进行任务分解，并将经验分析赋予理论蕴涵，小组汇报展现出学生的理论思维能力与综合案例分析素养。

表12　对外政策分析课程案例讨论小组作业

案例话题	任务分解	理论蕴涵
美国从阿富汗撤军的决策	1. 布什政府时期的决策 2. 奥巴马政府时期的决策 3. 特朗普政府时期的决策 4. 拜登政府时期的决策	1. 构建战争合法性理论 2. 战略推出理论 3. 外部环境与决策的关系 4. 影响美国对外政策的国内因素
英国女王葬礼外交	1. 葬礼外交及女王逝世的背景 2. 女王葬礼礼宾全过程分析 3. 女王葬礼的礼宾乱象 4. 女王葬礼与英国前首相特拉斯 5. 女王对英国外交政策的影响 6. 女王去世对英联邦的影响	1. 各国葬礼外交对比 2. 王室外交礼仪研究 3. 王权与外交政策 4. 英联邦组织的性质与影响
欧洲能源危机	1. 能源危机诱因分析及欧盟的应对措施 2. 法国应对能源危机的举措 3. 俄罗斯与能源危机 4. 能源危机对北欧各国的影响及应对 5. 英国应对能源危机的举措 6. 德国应对能源危机的举措	1. 能源危机的定义 2. 各国能源储备的现状 3. 能源与地缘政治博弈 4. 能源与技术进步的关系 5. 能源与经济制裁的关系

续表

案例话题	任务分解	理论蕴涵
新加坡对外政策选择	1. 新加坡地缘政治分析 2. 新加坡与东盟的关系 3. 从领导人的个性看新加坡对外政策选择 4. 新加坡对华政策分析	1. 以地缘政治优势为基础的对外政策 2. 领导人个性与对外政策 3. 地区性国际组织的领导力
西方国家对俄罗斯的制裁	1. 制裁背景 2. 制裁领域 3. 俄罗斯的反应 4. 制裁后果及影响 5. 其余国家的外交表态及启示	1. 能源制裁 2. 西方对俄制裁演进研究 3. 制裁与跨国行为体 4. 美欧关系与欧盟"战略自主"

（四）基于情景模拟的案例设计：角色扮演与案例演绎

情景模拟是将精心设计过的案例按照课程教学目标，经过师生深度加工形成的案例教学手段。就对外政策分析课程而言，情景模拟需要教师确立案例教学的主要理论视角，引导学生基于档案、研究论文、纪录片、回忆录等权威资料，还原案例发生的场域、人物或团体参与推进事件发展的过程。在对外政策分析课程中，笔者选取经典案例——1962年古巴导弹危机，情景模拟课分准备、案例设计、模拟演练、课后评估四个阶段开展。

首先，在准备阶段，师生协同开展文献梳理、影音资料整合等工作，共同打造形式多样、内容丰富的案例材料资源库。笔者运用肯尼迪图书馆、美国国家档案馆的原始档案资料，赫鲁晓夫、卡斯特罗等人的自传等材料试图还原1962年10月14—28日的历史过程。

其次，在案例设计阶段，不仅要让每一位同学有参与感，还要让学生带着问题与思考进入案例情景。第一，按照时间顺序设置10张"国际记者"牌，让他们报道当天危机简要情况，简述各方的主要意见。第二，选择事件关键参与三方的代表人物。美国方选取罗伯特·肯尼迪、CIA中情局长、国务卿、国防部长、国家安全事务助理，另有U-2侦察机飞行员，苏联方选取赫鲁晓夫、苏联驻美大使、苏联外交部长、B-59潜艇副官瓦西里等，古巴方选择卡斯特罗作为关键角色，其他国家代表选取中国及英国的领导人，共计14张角色牌。美方主要任务是还原会议讨论过程，简述每位官员对于如何回应苏联这一问题的立场，解释肯尼迪最后做出封锁决定的决策逻辑。苏方的任务是解释赫鲁晓夫背后的行为动机以及最后撤出导弹的决定逻辑。古方的任务是解释古巴在美苏之间的国家战略选择，探究卡斯特罗的决策逻辑。第三，设计4张事件牌，以猪湾事件、古巴与美国断交、肯尼迪与卡斯特罗通信、B-59潜艇进入封锁海域4个关键事件助推案例发展。在案例分配中，每一位同学按照抽签原则选取人物、事件与时间牌，并分别按照每张牌的提示从案例材料库中寻找"线索"。

再次，在模拟演练阶段，案例演示在线上开展，笔者与两位同学作为串场人，按照时间顺序引导相应角色进行"角色扮演"，相应角色的人物扮演者将网络教室的姓名备注更改为人物名，运用视频背景道具将人物所属国家的国旗或办公场景还原，沉浸式开展案例模拟讨论，"三国首脑"还即兴加入历史上不存在"三方会谈"展开激烈辩论，其他同学进行符合人物特点的点评与讨论。

最后，在情景模拟课程结束后，笔者以调查问卷的形式进行课后评估，全部同学参与问卷，收获有效问卷27份，其中90%的同学认为案例课有助于增进对历史事件的理解并增进研究兴趣，全部同学均认为情景模拟的教学方式很有启发性、参与感，锻炼了自身文献检索能力、阅读能力与英文表达能力，极大提升了综合分析案例的能力。

（五）基于调研能力的输出考核

外交外事人才必须具备扎实的文字功底与敏锐的调研能力，而将文字与调研纳入考核中有利于全面评估学生的学习效果。在考核过程中，笔者将期中考试的形式确定为从对外政策分析理论视角选取外交案例进行分析，在期末考试中将"台积电迁址美国"的新闻作为案例，要求学生撰写300字英文短评。在英文论文和短评的考察中，笔者以事件梳理是否清楚，是否具备对外政策分析理论自觉，是否能够解释相关案例背后的因果机制，能否提供政策参考等作为开放性的考察标准，针对学生论文和短评给予文字点评，指导学生切实提高案例分析与调研能力。

小　结

对外政策分析课程对教师的理论素养、案例储备、双语授课能力等提出了新挑战，在讲授中既要基于事实考察案例、基于理论诠释案例机制，又要注重培养学生运用理论分析案例的能力，提升学生实践技能。对外政策分析课程中的案例教学法能够有效达到以上目标：基于事实的双语时政讨论为铺垫，有效引导学生提升信息检索能力与文献阅读能力；基于方法论的案例分析让学生充分提升对经典案例与理论核心要义的体悟，形成理论自觉；基于合作学习的小组讨论与案例分解，锻炼学生灵活运用理论与案例分析的素养；基于情景模拟的案例设计与演绎，将学生变为案例的角色，全方位提升学生文献阅读与英文表达能力；基于调研能力的输出考核全面评估学习效果。由此，案例教学法在对外政策分析课程中形成研究、教学、演示、模拟与考核的闭环。诚然，本项教学实践中仍存在一些问题，如国内缺乏专门的对外政策分析双语教材、学生的英文水平存在现实差异影响情景模拟课程的效果，以及缺乏成熟的案例库资源导致教师在案例设计中投入大量精力等，这些问题有待在今后的教学过程中进一步解决。

国际关系课程教学方法有效性评估机制的探索[*]

传统教学研究中,不少学者认为教学方法没有强制性,大多是软性规范,难以进行评估测量与定量分析。随着形势的发展,教育界对增强教学方法具体衡量与评估指标体系的研究呼声提高,国际关系领域内教学方法有效性的评估研究也随之深化。从效果衡量教学方法有效性十分具有代表性,其观点虽然在学术界产生了较大影响,但随着研究的不断深入,涉及层面愈加广泛,研究手段也日趋多样,其中"奥斯陆—波茨坦方案"在评估有效性方面受到学术界的普遍关注,主要代表人物包括挪威奥斯陆大学的阿里德·翁德达尔、简·浩夫,德国波茨坦大学的德特勒夫·斯普林茨,马格德堡大学的卡斯滕·赫尔姆斯等人。[①]

---

[*] 本文作者:柳思思,北京第二外国语学院政党外交学院副教授,硕士生导师。本文是北京社科基金项目"'双碳'时代北京创建碳中和示范城市的协同增效机制研究"(项目编号:22ZGB004)、北京第二外国语学院本科人才培养质量建设项目"课程思政示范课——当代中国外交"(项目编号:11110016092)的阶段性研究成果。

[①] Carsten Helm, Detlef F. Sprinz, "Measuring the Effectiveness of International Environmental Regimes", Journal of Conflict Resolution, Vol. 45, No. 5, 2000, pp. 630 – 632.

但上述研究成果普遍倾向于使用简单指标,如果采用更多的数据模型、提出更加明确的研究假设,教学方法有效性的研究可以进一步深入。

一、国际关系课程教学领域内教学方法的有效性如何评估

国际关系课程教学领域内教学方法有效性的研究是一个新兴的研究领域。有效性是国际关系理论的核心概念,但这一概念本身却比较模糊,不易明确界定。奥兰·扬从获得的效果视角对"有效性"做出了界定,他认为,具有"有效性"是衡量该种方法和规范在多大程度上塑造或影响行为体行为的一种尺度,[1] 即"有效性"是"影响行为体行为与观念的尺度"。也可以这样理解,有效的教学方法安排将引发参与的行为主体利益、观念以及行为体之间互动关系发生变化,以致参与教学过程的行为主体在一定程度上遵守该种教学方法。[2]

关于有效性,罗纳德·米切尔给出的概念更为简洁精炼:怎样判断某种教学方法是否具有有效性,即看该

---

[1] Oran R. Young, Mare A. Levy, "The Effeetiveness of Intemational Environmental Regimes", in Oran R. Younged., The Effeetiveness of Inlernational Environmental Regimes Causal Connections and Behavioral Mehanisms, Cambridge, Mass: MIT Press, 1999, p. 3.

[2] Ronald B. Mitchell, International Politics and the Environment, London: Sage Publications, 2010, p. 147.

种教学方法是否能够影响和改变行为体的行为。[①] 休·沃德等人得出的有效性的概念较有针对性，该概念认为具有有效性的教学方法是指规定的变量直接相关或间接关联，且能够完整履行教学进程的教学方法。衡量教学方法有效的标准是看该教学方法规定的对环境的当前消耗会不会影响未来的需求，是否是可持续的。[②] 奥莱沃·斯拉莫·斯托克则认为有效性是指建立起来的教学方法在多大程度上能够破解原有的问题或者解决目前的困境。具体而言，问题解决与教学方法有效性建立在逐步完善规范的基础上，或者是形成更加复杂与更趋严格的规定，又或者是教学方法能够使行为体拥有更多的可利用资源。[③] 通过以上分析可知，虽然学者们对于教学方法有效性的概念界定不尽相同，但其核心关注点较为一致，都关注教学方法所产生的效果或者效能。

从界定国际关系课程教学方法有效性的实施效果来看，对国际关系课程教学方法有效性的评估可以分为三种：第一种是作为目标达成的有效性；第二种是作为问题解决的有效性；第三种是作为集体最佳的有效性。第一种国际关系课程有效性评估方法是通过对应教学方法的整体目标和

[①] Ronald B. Mitchell, International Politics and the Environment, London: Sage Publications, 2010, p. 146.

[②] Hugh Ward, Crank Grundig, Ethan Zorick, Formal Theory and Regime Effectiveness: Rational Players, Irrational Regimes; Arild Underdal, Oran R. Young (eds.), Regime Consequences: Methodologic; al Challerrges and Research Strategies, Dordrecht: Kluwer, 2004. p. 159.

[③] Olav Schram Stokke, "Examining the Consequences of Arctic Regimes", in Geir Honneland and Olav Schram Stokke eds., International Cooperation and Arctic Governance: Regime Effectiveness and Northern Region Building, London: Routledge, 2007, pp. 15 – 16.

阶段目标来评估该种教学方法是否进步或退步。采取用目标达成的尺度来评估教学方法取得的效果，即在评估某种教学方法是否具有有效性时，其他变量保持不变，只考察目标达成的变化程度与教学方法效果之间的相互关联。第二种国际关系课程有效性评估方法是以问题解决的程度来评估教学方法进步的大小。与第一种方法相比，问题是否解决与主观价值标准紧密相连，涉及范围更广、解决难度更大，且从长远意义上来说，问题到底是一时的解决还是永久的解决，该种教学方法是否导致了新问题的出现，这里面涉及的变量关系无疑更加复杂，关注教学方法在平等、效率、持久性或者学生潜能等方面的发展。第三种国际关系课程有效性评估方法与第一种方法的逻辑相似，它是通过界定理想的或完美的情境来设想集体的最佳状态，从而衡量教学方法在其中所起的作用。

二、国际关系课程教学方法有效性的评估标准

到底如何评估国际关系课程教学方法的有效性，我们首先借用"奥斯陆—波茨坦方案"的三个概念："没有教学方法下的对应事实""实际教学方法下的绩效表现""集体最佳状态"。[①] 其中"没有教学方法下的对应事实"与

[①] Carsten Helm, Detlef F. Sprinz, "Measuring the Effectiveness of International Environmental Regimes", Journal of Conflict Resolution, Vol. 45, No. 5, 2000, p. 630.

"集体最佳状态"是两个基点，而我们现在的实际状况则是在两者之中左右徘徊。"没有教学方法下的对应事实"是指如果教学方法不存在可能发生的假设情况；"集体最佳状态"是指教学方法完美发挥效能（达到最佳状态）的情境。

如何从"没有教学方法下的对应事实"发展到"集体最佳状态"，必须使用其他指标，即教学方法的可能性。教学方法的可能性是指通过可能的手段运用来缩短"没有教学方法下的对应事实"与"集体最佳状态"二者之间的距离。一个教学方法的效能尺度大小可以通过估算从"没有教学方法下的对应事实"到"集体最佳状态"的距离长短来考察，也可以根据教学方法的可能性所取得的成果大小比值进行评估。[1]

我们可以将这一研究设计应用于诸如非传统安全问题研究的课程教学过程中，比如教学国际排污治理、有害物质跨国管理、垃圾排放、碳排放权争夺等领域的课程。德特勒夫·斯普林茨与克里斯汀·赫尔曼运用该方法分析解读诸如全球气候变化、保护臭氧层之类的全球环境问题，特别是引入1979年由联合国欧洲经济委员会签订的《远程越界空气污染公约》（简称公约）的教学案例。[2] 该公约是欧洲国家为控制、削减和防止远距离跨国界的空气污染而订立的区域性国际公约。该公约于1979年11月13日

---

[1] Arild Underdal, "Methodological Challenges in the Study of Institutional Effectiveness", in Arild Underdal and Oran R. Young eds., Regime Consequences: Methodological Challenges and Research Strategies, Dordrecht: Kluwer, 2004, pp. 28 – 31.

[2] Detlef F. Sprinz, Carsten Helm, "The Effect of Global Environmental Regimes: A Measurement Concept", pp. 359 – 369.

在日内瓦通过，1983年3月6日生效，有25个欧洲国家、欧洲经济共同体和美国缔约，公约规定应通过协商、资料交换、研究和监测等手段，及时制定防治空气污染物的政策和策略。

为了适应当前国际社会的发展趋势，教学方法开始集中在整合和拆分的基础上系统性地考察有效性的程度，解释跨问题领域、时空变化以及教学方法互动、教学方法复杂性这类因素对教学方法有效性的影响。

此外，评估国际关系课程研究教学方法有效性的另一种视角是图宾根分析法，该研究方法始于20世纪90年代初期，其主要代表人物有两位，他们分别为德国图宾根大学的沃尔克·利特伯格与柏林社会科学研究中心的米切尔·齐恩，根据他们的理论，可以从行为体冲突的性质来确定解决问题的难易程度，再从问题入手来评估教学方法是否有效。[①]

有关国际关系课程教学方法有效性的定义及操作方法表现出如下三个方面的优势：第一，通过把"没有教学方法下的对应事实"造成的提升空间与到"集体最佳状态"的差距两个基点标准结合，避免了两者选其一的片面性弊端；第二，测量概念没有局限于特定的政策运用或特定的方法，其中包括教学方法的数据获取、类型以及研究方法论上的指向，通过提供一个其他学者也能接受并使用的评估标准，为不同学派搭建了交流、对话的平台；第三，教学方法有效性分值便于教学方法制定者运用理解，也便于

---

① Volker Rittberger, Michael Zurn, "Regime Theory: Findings from the Study of East – West Regimes", Cooperation and Conflict, Vol. 26, No. 2, 1991, pp. 165 – 183.

操作，从而有助于现有教学资源在具有不同效果的教学方法之间进行分配。①

当然，在如何评估国际关系课程教学方法有效性的问题上，还有其他的新理论与新成果。在同一规范上运用不同的评估方法和衡量标准，导致了教学方法有效性分值的不同。当教学方法有效性评估出现分歧时，其关键就在于使用的方法。在具体的评估方法上，教学方法有效性研究涉及社会科学的基本研究方法，如定性方法和定量方法，它们是实证主义教学方法的具体体现。②

在使用定性方法评估教学方法有效性的诸多成果中，阿里德·翁德达尔与肯尼斯·汉夫试图探讨何种因素影响了该种教学方法在不同国家内部的履行情况。③ 在具体的分析过程中，尽管涉及变量众多，影响因素极为庞杂，干扰变量多，但阿里德·翁德达尔与肯尼斯·汉夫没有放弃，他们选择了欧盟多个成员国来作为检验教学方法有效性假设的案例，这些案例单个来看都属于分离的、相对独立的个案，但他们通过数个具体引导机制最终推导出了一般性的结论。

---

① Carsten Helm, Detlef F. Sprinz, "Measuring the Effectiveness of International Environmental Regimes", Journal of Conflict Resolution, Vol. 45, No. 5, 2000, p. 636.

② Gary King, Robert Keohane, Sidney Verba, Designing Social Inquiry: Scientific Inference in Qualitative Research; Michael Brecher and Frank Harvey eds., Millennial Reflections on International Studies, Ann Arbor: The University of Michigan Press, 2002. p. 1; Henry Brady and David Collier eds., Rethinking Social Inquiry: Diverse Tools, Shared Standards, Lanham: Rowman & Littlefield Publishers, INC., 2004; Alexander George and Andrew Bennett, Case Studies and Theory Development in the Social Science, Cambridge: MIT Press, 2005. p. 2.

③ Arild Underdal, Kenneth Hanf, International Environmental Agreements and Domestic Politics: The Case of Acid Rain, Ashgate: Aldershot, 2000. p. 1.

在国际关系课程教学方法有效性评估领域,"衡量尺度论"被诸多定量研究者接受。衡量尺度可以分为四种类型,即"名义尺度""顺序尺度""间距尺度"和"比例尺度"。"名义尺度"所使用的数值用于表现它是否属于同一个人或物。"顺序尺度"所使用的数值的大小是与研究的规范对象的特定顺序相对应的。例如,给教学方法中的"最优等教学方法""中上等教学方法""中等教学方法""中下等教学方法""下下等教学方法"分别标为"5、4、3、2、1"或者"3、2.5、2、1.5、1"就属于这一类。只是其中表示"最优等教学方法"的"5"与表示"中上等教学方法"的"4"的差距和表示"中上等教学方法"的"4"与表示"中等教学方法"的"3"的差距,并不一定是相等的。"间距尺度"所使用的数值,不仅表示测定某种规范对象所具有的量的多少,还表示它们大小的程度,即间隔的大小。不过,这种尺度中的原点可以是任意设定的,但并不意味着该事物的量为"无"。"名义尺度"和"顺序尺度"的数值不能进行加减乘除运算,"间距尺度"的数值是可以进行加减运算的,但由于其原点是任意设定的,所以不能进行乘除运算。"比例尺度"其意义是绝对的,即它有含义为"无"的原点"0"。教学方法数量与教学方法所用的时间都是"比例尺度"测定的范围。"比例尺度"测定值的差和比都是可以比较的。

三、国际关系课程教学方法
有效性的数据获得

在使用定量方法评估国际关系课程教学方法有效性的实际操作中,变量设置与操作要十分谨慎。列出一串解释此类现象的因素并不困难,但是分析因果链的精密程度不仅仅是为了获得某个简约程序,不能只是通过某种形式的统计推论简单挑选出重要的某个因素。[①] 定量研究在研究通用性教学方法与特殊性教学方法的有效性问题中的一个重要突破就是在教学方法有效性领域开始使用数据库。

在评估国际关系课程教学方法有效性的最初阶段,学者们没有原始数据来源,因此不得不大量地使用二手资料,包括各种外文书和杂志报纸中的文章,甚至是十分陈旧的几手资料,尽管当时的学者们可以从一些大型会议上获得少量的相关资料,但是这些信息有的不允许公开,有的即使公开了也没有得到系统使用。随后,教学方法的创新者们不再满足于二手材料,在衡量评估教学方法有效性领域,他们开始使用调查问卷。他们一般将调查问卷用纸质形式发布再回收统计答案,也尝试过

[①] Oran R. Young, Marc A. Levy, "The Effectiveness of International Environmental Regimes", in Oran R. Young ed., The Effectiveness of International Environmental Regimes: Causal Connections and Behavioral Mechanisms, Cambridge, Mass: MIT Press, 1999, p. 21.

网络发布调查问卷并回收统计的形式。不过，问卷收集的困难导致他们不能运用有效的方法深入研究教学方法因果关系中的核心变量，甚至出现了随意、滥用数据与造假数据现象。①

从20世纪90年代开始，为了促进教学方法创新者们协力合作，资源共享的思想开始涌现，系统分析方法应用研究所将总部设置在维也纳，开始构建系统数据库。② 其初始数据是基于该应用研究所的数据库项目平台。该数据库为教学方法有效性评估提供了较为详细的数据信息，并为具体教学设计以及今后教学方法完善创造了条件、提供了便利。③ 在此基础上，有学者分析了数据库中的23种教学方法，发现了当外部条件变化影响不明显时，在52%的案例中，方法效能发挥了"极为重要"或者"十分强烈"的作用，而教学方法效能为"非常小"或"几乎没有影响"的情况仅占9%；在外部条件严重缺乏的案例中，教学方法发挥了"极为重要"或者"十分强烈"影响的只有7%，而"非常小"或"几乎没有影响"的教学方法占到了40%。④ 这证明了教学方法发展的外部条件对于教学方

---

① Steinar Andresen, Jergen Wettestad, "Case Studies of the Effectiveness of International Environmental Regimes: Balancing Textbook Ideals and Feasibility Concerns", in Arild Underdal and Oran R. Young eds., Regime Consequences: Methodological Challenges and Research Strategies, Dordrecht: Kluwer, 2004, p. 55.

② http://www.iiasa.ac.at/International Institute for Applied System Analysis.

③ Helmut Breitmeier, Marc A. Levy, Oran R. Young, and Michael Ziirn, "International Regimes Database (IRD): Data Protocol", HASA WP - 96 - 101, December 1996.

④ Oran R. Young, Michael Zurn, "The International Regimes Database: Designing and a Sophisticated Tool for Institutional Analysis", Global Environmental Politics, Vol. 6, No. 3, August 2006, pp. 122 - 123.

法效能的发挥尤为重要，可以说是影响某种教学方法是否具有有效性的关键性因素。

在国际关系课程教学领域，除了系统分析方法应用研究所建立的数据库之外，还可以使用"协议数据库"。通过对该数据库数据的分析，将教师在国际关系课程使用的某项教学方法有效性分值范围设定为"0"到"1"，结果显示行为改变显著的教学方法有效性分值是"0.51"，而问题解决的教学方法有效性分值是"0.35"。[1] 该研究显示，当一个国际关系课程教学方法发展到日趋成熟时，国际关系课程教学方法有效性分值逐渐增加。

四、国际关系课程教学方法有效性与教学方法设计

国际关系课程教学方法的发展现状无法囊括所有问题，数据化进程也面临各方的质疑。第一个质疑来自于不同学派。他们从根本上质疑国际关系课程教学方法的有效性，认为教学资源的影响力更大，国际关系课程的有效性只有依附于权力等因素才能发挥作用，国际关系课程教学方法绝非决定性因素。在一些人看来，国际关系课程教学方法有效性的效能评价指标应该是无限接近于"0"，教学资源等物质因素应该是无限接近于"1"。第二个质疑来自于教

---

[1] David G. Victor, Kal Raustiala, Eugene B. Skonik eds., The Implementation and Effectiveness of International Environmental Commitments: Theory and Practice, Cambridge: MIT Press, 1998, p.698.

学方法研究者内部。不少研究者质疑教学方法有效性数据的获取途径，质疑数据的真实性，质疑教学人员是否能确保客观性，质疑数据的操作化路径是否正确等。考虑到因果关系是人类解释环境的思考结果，而这一结果受到诸多因素的影响，包括显著程度、时间顺序、过程强度、共变程度等，就连教学方法定量研究的支持者加里·金等人也不无感慨地表示："不管我们搜集到多少数据，不管我们对于教学方法有效性的研究设计有多么令人满意、多么完美，不管研究人员有多么客观，也不管我们能够控制住多少实验过程，我们都永远不可能发现一个确定的因果推论。"[1]

不同的专家学者由于受各种主客观因素影响，对同一教学方法有效性的评价也难以达成一致。比如同时面对教学方法创新，来自不同领域的教学专家看法各异。专家团队根据偏好对教学方法有效性进行扭曲化解读，是教学方法拓展领域中经常出现的情况。

在现阶段，有以下三点需要我们继续思考，也需要学界的教学方法有效性研究者们继续探索。第一，移动网络时代对评估教学方法的有效性增加了难度。移动网络时代的议题十分复杂，涉及众多行为主体、诸多规范与非规范要素。研究教学方法的有效性不能只局限于方法本身，还要有所超越，考虑其他因素，这些因素可能是教学方法有效性的原因，可能是其结果，也可能是干扰变量。戴维·

---

[1] David A. Collier, "The Comparative Method", in Ada W. Finifter ed., Political Science: The State of the Discipline II, Washington, D. C.: American Political Science Association, 1993, p. 116.

维克特等人的研究成果指出，引起行动的最重要的关键点和基本压力可能不是方法本身。[1] 彼得·哈斯等人也认为，如果要有一个说明行为发生变化的变量，这个变量主要源自压力的程度，而不是相关的教学方法。[2] 在对多种教学方法的回归分析中，不少学者指出非规范变量才是最终教学方法变化的决定因素。[3] 在具体案例研究中，美国密歇根大学的阿伦·阿格瓦尔等人通过考察，对教学资源利用和管理过程中过于强调规范、法律、规则以及行为准则的观点进行了挑战。[4]

第二，应该关注教学方法内部、不同方法间的互动对教学方法有效性的影响。比如在国际关系课程教学领域，不同教学方法同时存在，共同发挥作用，那么教学方法之间的互动也就产生了。我们假设所有层面上国家和社会组织的教学方法迅速增长，那教学方法与目标教学方法互动发生的可能性将显著增加，对教学过程可能产生积极或消极的结果。教学方法互动产生的积极或消极结果对进行教

---

[1] David G. Victor, Kal Raustiala, and Eugene B. Skonik eds., The Implementation and Effectiveness of International Environmental Commitments: Theory and Practice, Cambridge: MIT Press, 1998, p.698.

[2] Robert O. Keohane, Peter M. Haas, and Mark A. Levy, "The Effectiveness of International Environmental Institutions", in Peter M. Haas, Robert O. Keohane, and Mark A. Levy eds., Institutions for the Earth: Sources of Effective International Environmental Protection, pp.23 – 24.

[3] Evan J. Ringquist, Tatiana Kostadinova, "Evaluating the Effectiveness of International Environmental Agreements: The Case of the 1985 Helsinki Protocol", pp.91 – 92; Ronald B. Mitchell, "The Relative Effects of Environmental Regimes: A Quantitative Comparison of Four Acid Rain Protocols", International Studies Association Conference, Portland, OR, February 2003. pp.16 – 17.

[4] Arun Agrawal, Ashwini Chhatre, "Explaining Success on the Commons: Community Forest Governance in the Indian Himalaya", World Development, Vol.34, No.1, 2006, pp.149 – 150.

学方法设计至关重要。

第三，应该注重研究教学方法的长效作用机制。教学方法改变的不仅是行为选择，还影响了行为者的既有认知和观念，重新建构了行为体的利益。教学方法具有独立且重要的作用，是教师认可的行为准则。教师在确立自己的教学目标时，必须将教学方法考虑在内，在教学方法更新的范围内实现教学目标。尽管教学方法本身强制程度不高，但是在相互依赖的教学过程中，教师要实现自己的教学目标必须依靠教学方法。积极参与教学方法创新的教师会在教学过程中获得更多的机会和长远的收益，而进行教学团队创设的教师会拥有良好的声誉和广泛的合作伙伴。因此，教师要积极更新教学方法并参与组建教学团队。

结　论

在国际关系课程教学领域，尽管对于教学方法有效性的研究还有质疑的声音，但是构建有效性教学方法的主观愿望以及客观要求仍然存在。作为一种科学研究手段，使用定量方法评估教学方法的有效性，对其效能进行从高到低的排列，并监督具体教学效果的变化，是一种创新。为了证实教学方法是有效的，掌握在移动网络背景下教学方法效果的变化程度，通过设计可操作化的衡量标准，将关注点集中于教学方法效果间的关系，无疑是积极的尝试。

国际关系课程设计中的科学技术与教学资源[*]

教学资源指教师在教学过程中用来实现自身诉求、贯彻教学目标所使用的物质和精神来源，亦即行为主体所能发挥、利用、调动的各种能力、手段与工具的总和。[①] 教学资源的占有状况决定了教学主体能发挥教学作用的能力。科学技术是一种推动历史发展的革命性力量，势必会对教学资源产生巨大的影响，并引发教育格局的改变。纵览人类文明的发展史，拥有高水平科技的国家，势必掌控着大量的教学资源，并对教学过程产生强大的影响力。在竞争异常激烈的今天，科学技术已成为行为体争夺与使用教学资源的重要手段和工具。

---

[*] 本文作者：柳思思，北京第二外国语学院政党外交学院副教授，硕士生导师。本文是北京社科基金项目"'双碳'时代北京创建碳中和示范城市的协同增效机制研究"（项目编号：22ZGB004）、北京第二外国语学院本科人才培养质量建设项目"课程思政示范课——当代中国外交"（项目编号：11110016092）的阶段性研究成果。

[①] 傅菊辉、陈传伟：《信息霸权的国际政治学思考——兼论美国的信息霸权》，《湖南文理学院学报（社会科学版）》2005年第1期，第65页。

一、国际关系教学资源视角下科学技术的双重属性

(一) 科学技术是教学资源的组成部分

科学技术本身就是一种教学资源,掌握先进科技的教学主体在竞争中必然处于优势地位。科学技术通过对构成综合实力的诸要素的制约来实现对该行为体的决策和行为施加影响。某个教学主体使用教学资源,目的就是为了增加教学效果,而在信息化时代,对高科技的掌握则使此目的成为可能。

科学技术作为教学资源的根本原因在于,它是教学主体在目标选择范围和教学方法实施手段上的重要参考依据。拥有高科技的教学主体,不仅可以极大地提高教学效能,加快教学装备的更新换代,在增强综合实力的基础上提高教学影响力,并以此鼓舞教师士气来增强学校的凝聚力,最终提高和加强在教育格局中的地位和作用,以实现教育目标和诉求。因此,科学技术政治化是其成为教学资源的重要动因。

(二) 科学技术是开发教学资源的重要手段和工具

科学技术是不断更新和发展的,它的最大特点是动态性和更新性。科学技术的发展影响着其他资源的开发。例

如，科学技术的发展扩大了自然资源的范围，苏伊士运河的开凿以及阿拉伯半岛石油的开采，使中东大片荒漠变成世界能源中心和交通要道，并使这一地区在国际政治中的地位得以提高，有些国家还成为大国竞相拉拢的对象。再如卫星和航天飞机的发明，使外太空成为大国争夺的新领域；国际空间站和哈勃空间望远镜的组建，已经成为国际科技交流合作迈向更高层次的力证。石油、交通枢纽、国际地位、国际关注程度等都是资源，但如果没有科技的发展，它们仍将处于未被开发的沉睡阶段，自然不会被各国际行为主体所关注，当然也就无从开发了。因此，我们将上述现实转化到国际关系的教学领域、将科学技术转化为对其他教学资源的开发能力，这些都是对教学资源综合探求和运用的基础。

在国际关系的课程教学中，新概念的提出往往有两方面的目标。一是对所面临的实际问题做出新的解释。例如，有学者创造性地提出"领导主义"与"融合主义"，这类概念是对西方与非西方历史关系的新解释。"领导主义"认为，西方"国际社会"规范的传播是单向的，伴随西方势力的衰落，非西方势力崛起将挑战现行"国际社会"，世界也将陷于动荡；而"融合主义"则主张西方文明的诞生本身就是吸收了非西方文明精华的动态过程，西方"国际社会"规范向非西方社会的传播过程本质上是持续的双向互动，从而有别于国际社会不同文化的互动路径。二是深化自身学科概念的独特性。例如，"首要制度"与"次要制度"是为了设置区别自由制度主义者的理论标签。"首要制度"是国际社会中自然演变而来且历史建构的社会结构,如"主权""外交""民族主义""殖民主义"以及"国际法"等,只要在历史中有两个或两个以上国际行为体之间发生互动,我们就能发现"首要制度"的存在,它具有强大的生命力与动态性;"次要制度"则不同,"次要制度"是由国际关系学中的自由制度主义者所提出的工具性制度,包括政府间国际组织及法律机制,如联合国海洋法等。在近百年的国际关系中,"次要制度"的重要意义逐渐凸显。"次要制度"的主要依据是对利益的理性计算,而"首要制度"的主要根据是共享的价值与道德标准。"首要制度"的持久性并不意味其恒久不变。制度之间不同的组合形式将会产生不同形态的国际社会。

二、国际关系教学资源对科学技术的影响

(一)拥有教学资源的多寡优劣决定教学主体对科学技术的应用程度

战后科技革命特别是信息技术的发展,已使越来越多的国家政府认识到科学技术是一个国家兴衰成败的关键因素。各国为了发展本国科技实力,纷纷制定对外科技政策以加强国际科技联系与交流,力求加快科技领域的创新和进步。发达国家凭借其雄厚的财力和高端的科技人才队伍,早已制定了巩固和扩大目前科技优势的发展战略,以求得进一步强化在信息技术领域的领先地位。而一些欠发

达国家，因其国内政局混乱、经济崩溃、社会动荡不安、人民流离失所，根本无力研发科学技术，更谈不上能有所作为。这些国家国力的衰微也影响到了教学领域，使其丧失了开发教学资源的能力，在科学技术日益改变人类历史的时代，它们不具有掌握和应用先进科技的能力和人才，也就丧失了提高国际教育竞争力所需要的必要物质条件，面临着被国际社会边缘化的危险。

（二）教学资源分布不均决定了科学技术政治化的发展方向

教学资源并非是均衡分布的，对于教学主体来说，教学资源的分布不均，是引发竞争的根本原因，唯有能力提升才是确保其在竞争中取胜的法宝。高科技是信息化时代的标志，教学人才流动、教育机构的实力和数量、教育成果转化为生产力的速度等都与教育主体掌控教学资源的多少有着密切的联系。科技的发展是以实力为基础的，在当今世界，拥有雄厚经济实力的国家，在国际社会上发挥着重要的影响力，拥有着巨大的教学资源，如先进的教育实验室、庞大的教育队伍和各国的教育移民等，它们决定着新科技的教育发展方向，成为信息化时代的领头雁。这些国家拥有着广大发展中国家无可比拟的科技实力和迅速将教育成果转化为财富的能力，最终决定了科学技术由掌握大量教学资源的发达国家向新兴工业化国家再向发展中国家转移的雁阵模式。当然，这些发达国家在技术转移的过程中必然会附加种种政治条件，迫使接受国不得不妥协退让。

三、科学技术对国际关系教学资源的作用

（一）科技优势决定实力优势

教学主体争夺教学资源的根本目的是想提升教学实力。实力即权力。实力分为行为权力和资源权力，而行为权力分为硬权力和软权力。① 拥有了权力优势，也就拥有了影响力。非对称性相互依赖是硬权力的重要来源，不轻易受到摆布；在相互依赖关系中以低成本摆脱影响的能力是一种重要的权力资源。相对地，较容易对他者施加影响，或在相互依赖关系中以较低成本施加影响的能力，也是行为主体一直追逐的目标。在仍然重视硬权力的背景下，科技实力的不对称可以极大地增强相互依赖关系中脆弱性较小一方的能力。科技实力的不对称分布决定了信息化时代权力中心分布的不均衡，而因为科技发展的惯性和科技研究的厚积性决定了这种不均衡分布的相对稳定，因此保证了拥有权力优势的行为体在教学资源开发进程中享有优越性的延续。至于那些经济不发达且极度缺乏科技人才的国家，不仅没有这种能力，而且连参与开发教学资源的权力都被剥夺了。

---

① Joseph S. Nye, Jr., Bound to lead: The Changing Nature of American Power, New York: Basic Books, 1990, pp. 31-32；转引自［美］罗伯特·基欧汉、约瑟夫·奈著，门洪华译：《权力与相互依赖》（第3版），北京大学出版社2002年版，第263页。

(二) 高科技研发的区域性进一步加强教学资源的不均衡分布

现在的国际社会,分布着少数高科技孤岛,并由这些孤岛向"岛"外人群进行科技成果梯度转移。这些科技孤岛就是极少数拥有高科技研发能力的发达国家,它们不仅是历次科技革命的发起地,也是当今世界科技成果聚集地和技术输出国。这些国家拥有着世界一流的教学实验室和庞大的教育队伍,并以丰厚的待遇吸引着世界各地的教育人才向之流动,使之进一步增强开发教学资源的能力,最终使教学资源向世界主要科技大国流动。与此相反,广大的发展中国家因为经济实力不足,无法投入大量财力去进行教育,也就丧失了在高科技领域的主动权和发言权,只能依赖发达国家淘汰的技术进行生产力改造。

(三) 高科技增强了科技初创国在教学资源开发中的领导地位

科技大国往往是标准的创立者和信息系统的设计者,尽管科技的发展在某些方面帮助了小国,但由于初创科技的研制和生产常常需要巨额资金投入,在激烈竞争和技术垄断的现实环境里,处于前沿的新科技成本高于科技产品的平均成本,即使接收者通过其他途径获得曾经昂贵的技术成果,但仍不确定它是否有能力将这些昂贵的硬件和系统整合为开发教学资源的能力,并确保这种能力可以用于竞争。从此方面讲，信息革命时代的科学技术并没有极大地分散或平衡力量，相反，却在某些方面巩固和强化了现有教学资源开发过程中行为主体的优势。

四、高科技时代的国际关系教学资源开发

（一）高科技时代教学资源开发的主体

传统主体是学校。在教学过程中，学校可以审核教师的教学。学校的这种主导能力使其具有研制开发科学技术并将其成果转化为先进教学能力以提高综合教学效果的能力。在科技时代，学校仍是最强大的教学资源开发行为体。拥有高科技研发、应用能力的学校获得了额外的教学资源，而另外一些保守滞后的学校则丧失了应有的权力，从而造成了权力分配的两极分化，也就最终决定了教学资源开发行为体的两极分化。

地位日趋重要的行为体是教师。在信息化时代，教学效果之间的竞争领域逐渐向高科技附加值产品[1]转移。越能熟练使用科学技术的教师，也就越能在竞争中取得优势地位以提高实力，从而加强自身教学方法的更新和升级。跨领域教学团队的兴起呼应了这一现象，其数量的增加和发展的壮大，对教学资源开发影响深远。拥有科技优势的教学团队不但对学校和学生产生影响，而且成为学校吸引

---

[1] 庄起善主编：《世界经济新论》，复旦大学出版社2001年版，第153页。

新教学资源的招牌。

(二) 高科技时代教学资源开发与利用的特点

首先,开发硬性教学资源仍是教学主体利用高科技的主要目标。硬性教学资源包含教学物资、教学装备、教学人员组合等。在国际关系课程教学领域,硬性教学资源仍然重要。[1] 高科技时代是以实力说话的时代,拥有高科技武装起来的教学力量不仅可以提升教学效果,而且可以对其他行为体施加影响,从而增加教学过程的生动性和可操作性。教学探测器、高速计算机、复杂性软件等为教学主体提供了一种搜索、分类、整理、传递和传播的能力,即硬件和先进系统整合为一的能力。

其次,拥有高科技能力的教学主体必然会通过普及化进程向科技落后教学主体进行技术拓展。在技术贸易过程中,技术输出国输出己方已趋于成熟的技术,并获得一定的经济补偿。无力自行研发而只能对外购买教学技术的主体应注意避免过度依赖,以及在技术领域的被动局面。

最后,信息革命加快教学技术的普及化进程,但教学资源开发的交流合作仍然有限。所谓信息革命,指的是计算机、通信和软件等技术的迅速进步,它导致了信息加工和传递成本的下降。[2] 在国际关系领域,信息传递速度的

---

[1] [美] 罗伯特·吉尔平著,武军、杜建平、松宁译,邓正来校:《世界政治中的战争与变革》,中国人民大学出版社1994年版,第175页。

[2] [美] 罗伯特·基欧汉、约瑟夫·奈著,门洪华译:《权力与相互依赖》(第3版),北京大学出版社2002年版,第259页。

迅捷，使学生们能尽快了解国际局势变化，以增强政治敏感性。一切教学资源的开发都与科学技术的进步密不可分。信息革命的标志就是高科技的发展，高科技的发展不仅拓宽了教学资源的范围，更为教学主体开发教学资源提供了便捷的途径和工具。

在国际关系课程教学过程中，信息革命促使传播渠道数量呈几何级增长，这些处于现有政治结构背景下的渠道，对不同种类信息流动的影响迥然有异。例如互联网不仅极大地加深了行为体之间在通信、信息交流等领域的合作，也给广大学生的政治心理带来前所未有的视觉冲击。而各类信息的全球性流动和国家间安全依赖关系的脆弱性导致了国际信息交流与合作的有限性。尽管信息革命使世界联系达到空前紧密的程度，但国际教学资源开发仍将处在单边多于多边、独行甚过合作的状态，互不信任和对权力的渴望决定了对国际教学资源合作开发的低水平关注。

综上所述，科学技术是教学资源变迁的主要动因，因无所不在的公众注意，使其不可避免地成为教学主体策略实施过程中的主要影响因素。科学技术作为信息化时代的显著标志，使教师原有的教学方法日益受到挑战。

图书在版编目（CIP）数据

融合·创新·探索：国际关系学科建设研究/邢新宇，宋文龙主编．—北京：时事出版社，2023.12
ISBN 978-7-5195-0556-1

Ⅰ.①融… Ⅱ.①邢…②宋 Ⅲ.①高等学校—国际关系—学科建设—教学研究—文集 Ⅳ.①D81-53

中国国家版本馆 CIP 数据核字（2023）第 175349 号

出 版 发 行：时事出版社
地　　　　址：北京市海淀区彰化路 138 号西荣阁 B 座 G2 层
邮　　　　编：100097
发 行 热 线：（010）88869831　88869832
传　　　　真：（010）88869875
电 子 邮 箱：shishichubanshe@sina.com
印　　　　刷：北京良义印刷科技有限公司

开本：787×1092　1/16　印张：13.25　字数：155 千字
2023 年 12 月第 1 版　2023 年 12 月第 1 次印刷
定价：85.00 元

（如有印装质量问题，请与本社发行部联系调换）